ESTAÇÃO PERFUME

ESTAÇÃO PERU ME

Luciene Ricciotti

ESTAÇÃO PERFUME

TUDO QUE VOCÊ SEMPRE QUIS SABER SOBRE
O PERFUME E TINHA VERGONHA DE PERGUNTAR

© 2017 - Luciene Ricciotti
Direitos em língua portuguesa para o Brasil:
Matrix Editora
www.matrixeditora.com.br

Diretor editorial
Paulo Tadeu

Capa, projeto gráfico e diagramação
Allan Martini Colombo

Revisão
Márcia Almeida
Silvia Parollo
Eduardo Ruano

CIP-BRASIL - CATALOGAÇÃO NA PUBLICAÇÃO
SINDICATO NACIONAL DOS EDITORES DE LIVROS, RJ

Ricciotti, Luciene
Estação perfume: tudo que você sempre quis saber sobre perfume e tinha vergonha de perguntar / Luciene Ricciotti. - 1. ed. - São Paulo: Matrix, 2017.
il.

ISBN 978-85-8230-417-4

1. Perfumes. 2. Essências e óleos essenciais. I. Título.

17-43587	CDD: 668.54
	CDU: 665.57

SUMÁRIO

7 AGRADECIMENTOS

9 INTRODUÇÃO

16 ESTAÇÃO 1: A HUMANIDADE E O PERFUME
COMO CHEGAMOS ATÉ AQUI?

26 ESTAÇÃO 2: SEU NARIZ SABE TUDO
O OLFATO

35 ESTAÇÃO 3: QUEM DEIXA O MUNDO MAIS CHEIROSO

51 ESTAÇÃO 4: O PERFUME – PRAZER EM CONHECER
HORA DE SABER TUDO SOBRE O PERFUME

167 ESTAÇÃO 5: MAISON PARFUM PROSUMER
TORNE-SE UM CONSUMIDOR ESPECIALISTA EM PERFUMES

204 REFERÊNCIAS BIBLIOGRÁFICAS

AGRADECIMENTOS

Aos meus pais, Rubio e Rosa Maria, e à minha filha,
Amanda, pela companhia nesta trajetória.
E a todos os profissionais, mestres e amigos da área
de perfumaria, por compartilharem suas experiências e
conhecimentos que enriqueceram esta obra.

Dedico este livro aos milhões de consumidores
brasileiros apaixonados por perfumes, que constroem dia a
dia um dos maiores mercados do mundo.

INTRODUÇÃO

Quem nunca abraçou alguém e sentiu uma fragrância deliciosa, que de tão boa gostaria de se sentir perfumado por ela? Porém, quem nunca teve dúvida, como, por exemplo, qual fragrância usar em uma determinada ocasião, ou por que um perfume, que você sempre usou, começou a "mudar de cheiro"? Por que um perfume fixa e outro não? É uma questão de qualidade? E qual a maneira correta de se aplicar um perfume?

Não, você não está perdido. Realmente, o mágico universo da perfumaria incita muitas perguntas e, às vezes, as muitas respostas que você recebe podem confundir e criar um clima de mistério, como se segredos a respeito desse instigante produto não pudessem ser revelados. Mas será que é isso mesmo? Claro que não.

Procurar entender sobre perfumes é o melhor caminho para escolher, usar e usufruir dos benefícios desse produto tão presente em várias culturas. E o propósito deste livro é justamente oferecer esse aprendizado rápido que irá lhe proporcionar uma presença olfativa adequada ao clima e ocasião. Assim, você será uma agradável companhia em qualquer evento.

Os pequenos e valiosos prazeres da vida são aqueles capazes de tocar a alma das pessoas: um bom vinho, uma boa companhia, boa música e, é claro, um bom perfume. A verdade é que a ordem desses fatores não importa, mas a paixão com que se vive.

Vale lembrar que toda arte e toda paixão passam pelos caminhos da percepção humana, ou seja, pelos cinco sentidos, considerados os filtros naturais pelos quais a realidade ao redor de cada um é percebida e construída na memória. Por essa razão é tão prazeroso explorar novas fragrâncias que envolvem o corpo com cheiros deliciosos exalados pela natureza, sejam eles provenientes das flores, frutas, raízes, sejam das folhas que favorecem a conexão do homem com o que há de mais natural em cada um.

Os brasileiros amam perfumes! Uma prova disso é o tamanho do mercado nacional de perfumes: em 2010, o Brasil tornou-se o maior mercado de perfumaria do mundo. O faturamento brasileiro, segundo dados da Consultoria Euromonitor, foi de US$ 6 bilhões, ante US$ 5,3 bilhões do segundo colocado, os Estados Unidos[1]. Desde então, vem registrando crescimento ano após ano – só perdeu o posto de campeão do mercado em 2016.

Mesmo com esse cenário promissor, ainda há muitos consumidores a serem conquistados. Segundo a consultoria Kantar Worldpanel, no mesmo ano em que o Brasil atingiu a liderança do mercado mundial, a penetração no uso de perfume entre os brasileiros foi de 56%.

---

1 Artigo da revista *Forbes* de 23 de novembro de 2014 (http://www.forbes.com.br/negocios/2014/11/brasil-tem-o-maior-mercado-de-perfumes-do-mundo/acesso em 10 de maio 2017)

Ou seja, de cada 10 brasileiros, 6 utilizam perfumes todos os dias e pelo menos uma vez ao dia[2], um índice considerado baixo se comparado à penetração do desodorante que, no mesmo período, foi de 98%.

Dessa forma, o ato de se perfumar ainda não é um hábito diário para quase metade dos brasileiros. Isso significa que ainda há muitas pessoas que podem conhecer e vir a usufruir dos benefícios diários e sociais de se ter uma agradável fragrância comunicando sua personalidade e marcando sua presença de forma adequada e positiva.

Além do crescimento do número de usuários, nesses últimos anos os brasileiros começaram a descobrir outros cheiros, ampliando seu repertório e preferências olfativas. Napoleão Bastos Junior – perfumista sênior da IFF –, membro da equipe criadora do perfume Malbec, do Grupo O Boticário, em entrevista publicada na revista *Freedom*, destacou a influência do clima e da cultura no consumo de perfumes no Brasil, onde as lavandas, praticamente desconhecidas em outros países, fazem um enorme sucesso. Porém, segundo ele, "na contramão disso existe a exposição do consumidor brasileiro aos perfumes importados, que fazem com que ele vá mudando suas referências".

Enquanto o consumo de perfumes e o perfil olfativo se ampliam no país, cresce também o interesse em saber como identificar, escolher, comprar e usar bons perfumes. Isso vale tanto para as mulheres quanto para os homens, que vêm ampliando o hábito do uso diário de perfumes.

É unânime a opinião entre os profissionais do mercado que o consumidor brasileiro merece entender mais sobre um produto que tanto adora e, para isso, é preciso conhecer melhor o vocabulário indispensável para expressar sua opinião e gostos.

---

[2] Especial de Cosméticos – Revista *H&C Household & Cosméticos*. Vol. XI set/out – 2010 (http://www.freedom.inf.br/revista/HC63/EspCosm.asp-.)

Fazendo um paralelo com a culinária, como seria possível orientar um cozinheiro que um determinado prato está com muito coentro se uma pessoa não soubesse identificar o sabor desse tempero, não conhecesse seu nome e nem mesmo qual seria a quantidade adequada ao seu paladar? No caso dos perfumes é a mesma coisa, e é possível aprender sobre os cheiros.

Conhecendo um pouco mais sobre perfumes e seus ingredientes, será possível surgir um novo consumidor munido de informações que o auxiliará a avaliar os produtos disponíveis, a expressar melhor o que deseja e a encontrar os perfumes que mais o agradam. Se esse consumidor conhecer e souber escolher, poderá comprar mais e desfrutar do imenso prazer de se perfumar para si próprio e para agradar às pessoas ao seu redor, nas mais diversas ocasiões. Ao falar sobre o que gosta e o que não gosta em um perfume, esse novo consumidor poderá expressar sua opinião e os perfumistas poderão direcionar suas criações para fazer o que eles mais apreciam: criar perfumes que sejam amados pelas pessoas.

Este livro foi escrito de forma didática e simples para atender essa vontade de saber mais sobre perfumes, esclarecendo as dúvidas mais frequentes, desmistificando crenças e simplificando o "perfumês". Ele apresenta a opinião de grandes mestres do mercado brasileiro, ajudando a formar um consumidor de perfumes que escolhe, avalia e auxilia a multiplicação desse conhecimento na sua casa, escola e ambiente de trabalho.

Como redatora publicitária e especialista em comunicação, também estudo e pesquiso sobre a comunicação silenciosa através dos nossos sentidos, especialmente o olfato. Como é possível uma pessoa marcar a sua personalidade por meio do perfume que usa? Como as marcas podem transmitir suas identidades e captar a atenção de seu público, sensibilizando-o em um mundo superlotado de estímulos visuais e auditivos? Como orientar a criação de uma assinatura olfativa capaz de se conectar emocionalmente com seu público?

Para responder a essas perguntas, mergulhei nesse universo mágico e, dessa imersão, cresceu o desejo de compartilhar o aprendizado conquistado através do contato com grandes mestres perfumistas, designers, empresários do setor, treinadores e com todos que, como eu, amam perfumes.

Para organizar esse conhecimento, foi criada uma verdadeira viagem ao mundo da perfumaria, que passará por quatro estações até seu destino final: a Maison Parfum Prosumer – momento em que os viajantes serão convocados a se tornarem consumidores especialistas em perfumes, os *parfum prosumers*. E o que é isso? A palavra *prosumer* é formada pela união das palavras em inglês *producer* (produtor) e *consumer* (consumidor). Ela identifica o consumidor que entende tão bem de um produto que é capaz de atuar como um profissional da área e influenciar na sua produção, podendo colaborar em um processo contínuo de cocriação, ou seja, criar junto.

Para atingir esse objetivo, a viagem passará pelas seguintes estações:

Estação 1
A HUMANIDADE E O PERFUME

Estação 2
SEU NARIZ SABE TUDO

Estação 3
QUEM DEIXA O MUNDO MAIS CHEIROSO

Estação 4
O PERFUME – PRAZER EM CONHECER

Estação 5
MAISON PARFUM PROSUMER – TORNE-SE UM CONSUMIDOR ESPECIALISTA EM PERFUMES

Na primeira estação, será possível compreender e sentir-se parte de um grupo de pessoas que apreciam o prazer dos bons cheiros. Desde que o mundo é mundo, ou seja, desde os tempos das cavernas, há registros de grupos formados por pessoas que apreciavam os bons perfumes da natureza e procuravam meios de senti-los como um grande prazer. Na segunda estação, os viajantes irão desvendar as características do olfato e utilizar melhor a ferramenta natural que torna esse prazer possível: o nariz.

Chegando à terceira estação, será feita a exploração do mapa da indústria da perfumaria no mundo, identificando empresas, profissionais e organizações, como um "quem é quem" que revelará aos amantes de perfumes aqueles que fazem esses cheiros maravilhosos chegar às penteadeiras mais exigentes. Nesse mapa, será possível encontrar personalidades desse segmento e compreender melhor como funciona e a quem os consumidores de perfume podem e devem expressar seus gostos ou desgostos relacionados às fragrâncias, aos frascos, seus sprays, locais de venda e órgãos legisladores para contribuir com a evolução desse produto que, desde os tempos das cavernas, fascina a humanidade.

A cada estação, os viajantes ganharão mais conhecimento, como a bagagem mais valiosa a ser conquistada nesse percurso.

Além do conhecimento contido nas estações, no decorrer da viagem serão apresentadas algumas curiosidades especiais capazes de desvendar mistérios, destruir velhos mitos e paradigmas e, ainda, revelar histórias desse mundo cheiroso.

Nesse percurso, todos os que amam perfumes serão ajudados a encontrar seus cheiros prediletos e, especialmente, a se tornarem *parfum prosumers* capazes de atuar como propagadores do conhecimento e cocriadores de novas e apaixonantes fragrâncias.

Assim, seja bem-vindo ao universo mágico dos cheiros, cores e sensações capazes de conectar cada pessoa ao seu "eu mais natural e feliz" através das fragrâncias contidas em cada pequeno frasco.

Aproveite ao máximo cada estação, carregando tanto conhecimento quanto puder levar em seu coração para que chegue ao destino final, a *Maison Parfum Prosumer*, repleto de satisfação e, ainda, pronto para compreender, avaliar e usar perfumes como consumidor especialista em perfumaria.

ESTAÇÃO 1

A HUMANIDADE E O PERFUME

COMO CHEGAMOS ATÉ AQUI?

Uma das curiosidades polêmicas do mundo da perfumaria está relacionada ao seu surgimento, justamente porque o perfume faz parte da história da humanidade e da evolução do próprio homem.

O olfato desempenhou, desde os primórdios, funções relacionadas não só à sobrevivência dos seres humanos, mas também ao prazer, uma vez que os bons cheiros despertam uma agradável sensação. Isso levou o perfume a ser utilizado, desde sempre, como um meio de louvor aos deuses e à própria natureza.

Segundo a especialista Sonia Corazza, desde que o homem primitivo *(o homo sapiens)* ganhou sua forma, há cerca de 50 mil anos, ele começou a fazer uso das plantas que tinha à sua disposição jogando-as ao fogo para fazer oferendas perfumadas aos deuses. Por essa razão, a palavra perfume é originária do latim *per fumum*, que significa através da fumaça.

Já no Paleolítico Superior (10 mil anos a.C.), existem registros de monumentos para a oferta de animais e plantas aos deuses. Muitos anos depois, na Idade da

Pedra Polida (4 mil anos a.C.), o homem, já organizado em tribos, aprendeu a cultivar e extrair óleos vegetais prensando plantas, raízes e flores entre pedras, passando a utilizá-los também no corpo. A busca pela satisfação e prazer através dos sentidos faz parte da natureza humana.

No Egito, a cultura do perfume produzido através da fumaça era uma forma de louvor nos templos.

"Os sarcófagos eram aromatizados e processados cautelosamente: queimavam olibano[3] ao nascer do sol, em homenagem ao deus Sol, Rá, e mirra ao anoitecer, para reverenciar a lua"[4].

Além disso, nos processos de mumificação, os egípcios utilizavam mirra pura moída, canela e essências variadas.

Uma breve ideia da sofisticação alcançada na perfumaria egípcia é relatada nos estudos dessa civilização em que consta uma receita de perfume de 3 mil anos que continha mais de 10 ingredientes em sua elaboração. Entre eles destacam-se a canela, a mirra e a menta[5].

Foi no Egito também que nasceu a associação do perfume à sedução, com a rainha Cleópatra, que conquistou o imperador romano Julio Cesar e seu general Marco Antonio. Cleópatra tornou-se lendária por seus artifícios de sedução, incluindo o perfume fabricado para seu uso pessoal, o Cyprinum, composto por óleos essenciais extraídos das flores de hena, açafrão, menta e zimbro.

Os consumidores de perfumes atuais têm, também na China, ancestrais amantes dos cheiros, pois há registros milenares do uso de óleos essenciais na medicina daquele país, como o ópium e gengibre, aplicados de forma curativa e, também, em cerimônias religiosas.

Assim como o prazer através dos cheiros é universal desde a Antiguidade, na Índia, região que conquistou o mercado

---

3 Uma das substâncias mais caras da Antiguidade, o olibano é um óleo obtido através da destilação a vapor da resina de seu tronco e tem um cheiro fresco amadeirado, balsâmico, semelhante à cânfora. Utilizado como perfume e incenso.

4 CORAZZA, Sonia. *Aromacologia - uma ciência de muitos cheiros*, Editora Senac, 4ª edição. São Paulo, 2015.

5 *Larousse del perfume y las esencias*. Larousse Editorial S.A., Barcelona, 2000.

antigo com o comércio de suas especiarias, o perfume também estava estreitamente relacionado aos rituais religiosos e era utilizado para manter afastados os maus espíritos associados às enfermidades.

Esse uso histórico dos cheiros em momentos de louvor destaca a capacidade de o perfume levar a mente humana a um estado de introspecção e conexão com o universo – razão pela qual o hábito de se perfumar, juntamente com a necessidade fisiológica de comer e dormir, persistem como um prazer até os dias atuais.

Outra característica histórica do perfume é sua elitização, que o coloca como objeto de desejo e admiração. Desde tempos remotos, fora do ambiente religioso, o uso habitual dos perfumes estava restrito às castas superiores.

Entre as fragrâncias preferidas dos indianos das mais altas camadas sociais figuravam as essências mais encorpadas, como o sândalo, um óleo essencial com cheiro bastante intenso de madeira, e o jasmim, flor branca cujo óleo essencial é mais denso que o das flores mais leves como a lavanda.

Mas é impossível falar sobre o perfume pelo mundo antigo sem fazer uma breve visita à Grécia, berço da filosofia e da ciência, onde a perfumaria recebeu um tratamento sistemático na prática e também na teoria.

Teofastro, filósofo grego, foi um dos primeiros autores a escrever sobre a arte de criar perfumes – publicou um tratado sobre o perfume em 323 a.C. Seu interesse pelas fragrâncias teve origem em suas habilidades e estudos sobre botânica, área da ciência que registrou grande evolução na Grécia antiga[6].

Também na sociedade ocidental, entre os cristãos, o perfume está presente em toda a sua história.

Centenas de vezes, tanto no Antigo quanto no Novo Testamento, há citações que fazem referência a óleos, incensos, mirra e especiarias. Nas escrituras cristãs, o perfume figura ainda na narração do nascimento de seu Messias, na chegada dos reis magos:

---

6 FERNANDES, Cláudio. *História do Perfume*. Brasil Escola (http://brasilescola.uol.com.br/historia/historia-do-perfume.htm)

"E, entrando na casa, acharam o menino com Maria, sua mãe, e, prostrando-se, o adoraram; e abrindo os seus tesouros, ofertaram-lhe dádivas: ouro, incenso e mirra." (Mateus 2:11).

Após o fim do Império Romano, segundo relata Sonia Corazza, na Europa feudal, a busca pela pedra filosofal, um preparado químico que poderia transformar qualquer metal em ouro, levou a experimentações diversas que resultaram na descoberta das propriedades de muitas plantas, suas características e seus odores variados.

Porém, os primeiros relatos históricos ocidentais da perfumaria datam apenas do século XIII, quando artesãos, maravilhados com a arte de manipular os cheiros da natureza, foram desenvolvendo suas técnicas. Até que, no início desse mesmo século, o rei da França, Felipe II, o Augusto, reconheceu a profissão de perfumista e oficializou locais para produção e venda de criações olfativas.

O MAU CHEIRO vs A PERFUMARIA OCIDENTAL

Todo o glamour da arte de criar fragrâncias surgiu pelo desejo de se combater seu oposto direto: o insuportável mau cheiro do homem e dos lugares habitados. Relatos históricos que reconstroem a Europa entre os séculos XVI e meados do século XVIII descrevem canais de drenagem que escoavam os refugos indesejáveis das ruas em direção aos rios e lagos. Esse método produzia mau cheiro, além de comprometer as fontes de água potável.

Nesse período, considerava-se que a água era capaz de se infiltrar no corpo e supunha-se que, especialmente a água quente, fragilizasse os órgãos abrindo os poros para os ares malignos[7].

Nessa época, "no suntuoso Palácio de Versalhes, um decreto de 1715, baixado pouco antes da morte do rei Luís XIV, estipulava que as fezes seriam retiradas

---

7 BUFF, Sonia Rosalie - *Saneamento básico, como tudo começou* - Elo ambiental (http://www.ebah.com.br/content/ABAAAfnx0AJ/saneamento-basico-etiologia-evolucao)

dos corredores uma vez por semana – deduz-se que o recolhimento era ainda mais esparso antes. Versalhes não tinha banheiros, mas contava com um quarto de banho equipado com uma banheira de mármore encomendada pelo próprio Luís XIV – objeto que serviria apenas à ostentação, caindo no mais absoluto desuso"[8].

Assim, imagina-se como era o restante das casas e ruas da cidade. O cenário dessa época, além dos problemas com o saneamento, era caracterizado, também, pela ausência de conhecimento sobre a conservação de alimentos e, é claro, de energia elétrica.

Para que essa viagem possa proporcionar um passeio pela França e pela Idade Média, época de terríveis maus cheiros, até os maravilhosos óleos essenciais, será proveitoso mergulhar no cenário do livro *O Perfume – A história de um assassino*. No romance histórico, o alemão Patrick Süskind desenvolve sua narrativa no século XVIII, período em que a perfumaria já se encontrava estabelecida na França, país produtor de essências e venda de fragrâncias na Europa, e onde os perfumistas já gozavam de prestígio em meio à nobreza europeia.

"Na época de que falamos, reinava nas cidades um fedor dificilmente concebível por nós, hoje. As ruas fediam a merda, os pátios fediam a mijo, as escadarias fediam a madeira podre e bosta de rato, as cozinhas, a couve estragada e gordura de ovelha; sem ventilação, salas fediam a poeira, mofo, os quartos, a lençóis sebosos, a úmidos colchões de pena, impregnados do odor azedo dos penicos. Das chaminés fedia o enxofre, dos curtumes, as lixívias corrosivas, dos matadouros fedia o sangue coagulado. Os homens fediam a suor e a roupas não lavadas; da boca eles fediam a dentes estragados, dos estômagos fedia a cebola e, nos corpos, quando já não eram mais bem novos, a queijo velho, a leite azedo e a doenças infecciosas. Fediam os rios, fediam as praças, fediam as igrejas, fedia sob as pontes e dentro dos palácios. Fediam o camponês e o padre, o aprendiz e a mulher do mestre, fedia a nobreza toda, até o rei fedia como um animal de rapina, e a rainha como uma cabra velha, tanto no verão quanto no inverno. Pois à ação desagregadora das bactérias,

---

8 BUFF, Sonia Rosalie - *Saneamento básico, como tudo começou* - Elo ambiental (http://www.ebah.com.br/content/ABAAAfnx0AJ/saneamento-basico-etiologia--evolucao)

no século XVIII, não havia sido ainda colocado nenhum limite e, assim, não havia atividade humana, construtiva ou destrutiva, manifestação alguma de vida, a vicejar ou a fenecer, que não fosse acompanhada de fedor"[9].

Nesse contexto, fica mais fácil compreender as razões e as necessidades que motivaram o grande crescimento das técnicas para se capturar e utilizar os bons cheiros da natureza.

Porém, a perfumaria desenvolveu-se por séculos com grandes dificuldades e exigia conhecimentos específicos e ainda muito precários na época, como também relatado no romance sobre a complexidade do trabalho de um perfumista:

> "Não só precisava saber destilar; também precisava ao mesmo tempo ser um produtor de pomadas e um manipulador de drogas, um alquimista e artesão, comerciante, humanista e hortelão. Era preciso saber distinguir entre sebo de rins de carneiro e sebo de bezerro, e entre uma violeta Vitória e uma violeta de Parma. Era preciso dominar o latim. Era preciso saber quando o heliotrópio deve ser colhido e quando o gerânio floresce, e saber que a flor do jasmim perde o seu perfume com o sol nascente"[10].

[9] SÜSKIND, Patrick – *O Perfume - A história de um assassino*. Editora Record. Rio de Janeiro, 1985.

[10] SÜSKIND, Patrick – *O Perfume - A história de um assassino*. Editora Record. Rio de Janeiro, 1985.

Lutando para espantar os maus odores, a perfumaria foi desenvolvendo-se ainda como uma especialidade rara. Seus perfumistas recebiam encomendas, especialmente da nobreza de toda a Europa.

Na época do Renascimento, a descoberta das Américas levou para a perfumaria novas matérias-primas, como o bálsamo do Peru e o cacau. Como o impulso proporcionado pelo Renascimento foi mais intenso na Itália, não é de surpreender que Florença se tornasse uma das mais vibrantes cidades do seu tempo, transformando-se, nesse período, o centro europeu do perfume[11].

Com o desenvolvimento da arte de criar fragrâncias surgem as publicações de estudos sobre destilação, as propriedades das mais diversas plantas e sobre a extração de seus óleos essenciais, matéria-prima base da criação de fragrâncias em todo o mundo.

Em um clima de descoberta de novos mundos, desenvolvimento das artes e, ainda, a perseverante luta contra os maus odores, não é difícil visualizar um cenário extremamente positivo para que a nobreza europeia seguisse patrocinando o desenvolvimento da perfumaria.

No Renascimento, em Florença, nasceu uma personagem de grande relevância para a perfumaria do século XV: Catarina de Médici, filha de Lorenzo II e futura esposa de Henrique II, rei da França.

Essa história, narrada na *Larousse del perfume y las esencias*, destaca uma ligação forte entre as duas regiões que disputavam o título histórico de criadores da perfumaria europeia: Itália e França.

Catarina era uma mulher bela, delicada e de gosto requintado. Entre suas exigências para ir à França estava a de levar meios para se perfumar com profusão na comitiva que a escoltaria até Paris, quando foi encontrar seu futuro marido. Entre seus acompanhantes estavam dois monges que eram responsáveis por fazer os cosméticos de seu uso pessoal.

"Ambos foram lamentando ter que deixar suas abastadas despensas em Florença. No entanto, não demoraram a comprovar que nas colinas que cercavam a pequena cidade provençal de Grasse cresciam, como que por magia, autênticas rosas, lírios e murtas [...] Os dois monges pediram permissão para se estabelecerem naquela aldeia localizada não muito longe do que seria a residência oficial dos monarcas. Assim, puseram a primeira pedra no que mais tarde foi chamado de cidade dos perfumes"[12].

---

11 *Larousse del perfume y las esencias*. Larousse Editorial S.A., Barcelona, 2000.

12 *Larousse del perfume y las esencias*. Larousse Editorial S.A., Barcelona, 2000.

Dessa maneira, a Europa seguiu desenvolvendo a perfumaria com a sua nobreza.

A partir da grande evolução registrada após esse período, já no início do século XIX, em plena Era Napoleônica, na França, uma nova oligarquia passou a cumprir um papel fundamental no consumo de perfumes e começaram a surgir os grandes nomes da perfumaria mundial, como a tradicional Casa Guerlain, inaugurada em 1828 por Pierre-François Pascal Guerlain, que, junto com seus dois filhos, começa a criar sucesso.

Em 1853, ano em que Napoleão III casou-se com a aristocrata espanhola Eugenia de Montijo, Guerlain lança o Eau de Cologne Imperiale, perfume criado em homenagem à imperatriz Eugenia, e vendido até hoje na mesma embalagem desde seu lançamento. Assim que foi lançado, tornou-se a primeira fragrância de sucesso no mercado francês, fato identificado como um marco do nascimento do perfume moderno.

Com esse perfume, a Guerlain herdou o prestigioso título de "Parfumeur Breveté de sa Majesté" (Perfumista Oficial de sua Majestade). Essa deferência levou Pierre-François a criar fragrâncias exclusivas e personalizadas para a rainha Vitória e para a rainha Isabella II da Espanha, entre outros membros da realeza europeia[13].

Após a popularidade conquistada pelos perfumes, com o fim da Era Napoleônica, o produto já se constituía em um importante negócio na Europa, e muitos fabricantes abriram novas áreas de cultivo em lugares exóticos, como Argélia e Marrocos, para reduzir seus custos.

No final do século XIX, início do século XX, o perfume se estabeleceu como uma indústria com sua fabricação polarizada entre Paris, que atendia a uma demanda mais requintada e reduzida, e Grasse, Montpellier e seus arredores, que tinham suas atividades centradas na produção de perfumes e sabonetes mais populares.

Esse período marca também o desenvolvimento da indústria química, fato que resultou no lançamento do Fougère

---

13 Guerlain - Mundo das marcas (blog) - (http://mundodasmarcas.blogspot.com.br/2009/03/aviso_31.html)

Royale, primeiro perfume comercial a utilizar a substância sintética cumarina. A fragrância foi criada por Paul Parquet e lançada por Houbigant. Essa combinação originou o que a indústria perfumista chama de "acorde Fougère", utilizado na perfumaria até hoje, como será apresentado adiante.

Assim, a produção de perfumes e seu mercado foram crescendo até que, em 1922, Chanel lança o icônico Chanel nº 5, o primeiro perfume *premium* a utilizar de forma predominante os aldeídos, substância 100% sintética e também uma importante matéria-prima da perfumaria moderna.

O século XX foi marcado por um grande crescimento do setor. Na sua primeira metade, é acentuada a tendência de lançamentos de perfumes encomendados pela também crescente indústria da moda. Um exemplo disso é o lançamento do Miss Dior, por Christian Dior, em 1947. Em paralelo aos avanços da ciência, nesse período foram desenvolvidos melhores métodos de extração e manipulação de matérias-primas, o que incentivou o surgimento de novas empresas especializadas em criar fragrâncias para os mais diversos usos, como a Robertet, e grandes empresas produtoras de perfumes, como a britânica Atkinsons e a americana Avon.

O crescimento do mercado gerou uma ampla massificação e distribuição do perfume. Outra prática típica do século XX foi o início do uso de estratégias de divulgação e marketing, que possibilitou o surgimento de ações que contribuíram para a difusão e massificação do hábito de perfumar-se, como a iniciativa de François Coty em oferecer amostras de perfumes em pequenos frascos e que se transformou num hábito universal[14].

Em 1983, devido à ampliação do acesso e diversificação dos tipos de fragrâncias, a Société Françoise des Parfumeurs (Comissão Técnica da Sociedade Francesa dos Perfumistas), chamada na época

---

14 *Larousse del perfume y las esencias.* Larousse Editorial S.A., Barcelona, 2000.

de Société Technique des Parfumeurs de France (Sociedade Técnica dos Perfumistas da França – STPF), buscando organizar a criação de perfumes, estabeleceu uma primeira classificação. Essa classificação é utilizada até hoje, com poucas variações de interpretação na forma de agrupamento dos óleos essenciais por critério de perfil olfativo e volatilidade. Assim surgiram as famílias olfativas.

A grande importância dessa classificação foi orientar a criação perfumística e auxiliar os consumidores, tornando compreensível a forma de composição dos perfumes. Traduziu, através da organização de seus óleos essenciais e seus acordes, os grupos chamados de famílias olfativas, que possibilitaram o surgimento da classificação olfativa pelo perfil de suas composições, conhecimento que será explorado na quarta estação desta viagem.

ESTAÇÃO 2

SEU NARIZ SABE TUDO

O OLFATO

Após conhecer a evolução do perfume desde os primatas, é preciso conhecer melhor o órgão responsável pelo mais primitivo e emocional sentido humano: o nariz.

O ser humano percebe o mundo e se comunica com ele através de todos os seus sentidos. Desde os tempos das cavernas, o homem percebe e explora o ambiente externo utilizando o tato, o olfato, a visão, a audição e o paladar, que, nos primórdios, o auxiliavam a encontrar alimentos, fugir de predadores, evitar a ingestão de alimentos estragados ou venenosos e a perceber perigos naturais, como incêndios, por exemplo.

Entre todos os sentidos, o olfato pode ser considerado o mais primitivo, aquele que é capaz de conectar cada ser aos seus instintos mais naturais.

Para Freud, "o principal sentido dos animais (para fins sexuais, bem como para outros fins) é o olfato, que perdeu essa posição nos seres humanos"[15].

---

15 FREUD, Sigmund - *Carta 55*, 11 de janeiro de 1897.

O começo desse "afastamento", especialmente do uso do olfato, deu-se, segundo Freud, no início de sua história.

Ao buscar alguma razão orgânica para o recalcamento das pessoas, Freud chegou aos estudos que relacionavam tais fatores à adoção da postura ereta, quando o homem passou da postura quadrúpede para a bípede.[16]

Com o afastamento do rosto das proximidades do solo, o olfato perdeu sua força no rastreamento de animais e na percepção do ambiente à sua volta. Ao mesmo tempo, a visão valorizou-se com a nova possibilidade de enxergar acima de boa parte da vegetação e passou a ter maior importância no seu dia a dia, libertando as mãos para a manipulação de objetos, valorizando o tato.

"Muitas vezes suspeitei de que alguma coisa orgânica desempenhava um papel no recalcamento; certa vez, antes disso, disse-lhe que se tratava do abandono de zonas sexuais precedentes [...] no meu caso, eu ligava essa ideia de recalque à modificação do papel desempenhado pelas sensações do olfato: a adoção da postura ereta, o nariz levantado do chão."

As partes do nariz que detectam os odores são chamadas de órgãos olfativos e cobrem uma área semelhante à da unha de um dedo polegar[17].

Raramente o valor do olfato é percebido no dia a dia das pessoas, mas, mesmo involuntariamente, esse sentido é utilizado a todo instante: no despertar da fome, como cheiro de alimentos sendo cozidos, na ânsia gerada por um mau cheiro, na sensação de paz ao inalar a brisa do mar numa manhã de verão ou de relaxamento ao inspirar o perfume da grama recém-cortada.

Um breve cheiro é suficiente para despertar atração ou repulsa. A força do ol-

---

16 FREUD, Sigmund. *Publicações pré-psicanalíticas e esboços inéditos (1886-1899)*. Edição Standard Brasileiradas Obras psicológicas completas de Sigmund Freud - Vol. 1. Editora Imago. Rio de Janeiro, 1990.

17 PARKER, Steve. *O Tato, o Olfato e o Paladar*. Editora Scipione. São Paulo, 1993.

fato está na sua relação com a atividade vital da respiração.

"Enquanto a imagem que recebemos é exterior a nós, o odor, ao contrário, nos penetra. Vivenciando algo que nos atinge pessoalmente, essa penetração, na opinião de psicólogos, está na origem do sentimento de prazer ou desprazer, às vezes de repulsa, que nos inspira um odor"[18].

No texto a seguir, o autor Patrick Süskind mostra, em seu romance, todo o encantamento de seu personagem pela força dos cheiros, apontada por Freud como profundamente importante na formação psicológica do homem natural.

"As pessoas podiam fechar os olhos diante da grandeza, do assustador, da beleza, e podiam tampar os ouvidos diante da melodia ou de palavras sedutoras. Mas não podiam escapar ao perfume, pois ele é o irmão da respiração. Com ela, ele penetra nas pessoas, elas não podem escapar-lhe caso queiram viver. É bem para dentro delas que vai o perfume, diretamente para o coração, distinguindo lá entre atração e menosprezo, nojo e prazer, amor e ódio. Quem dominasse os odores dominaria o coração das pessoas!"[19]

O cheiro é produzido por partículas voláteis, ou seja, aquelas que soltam moléculas gasosas que são inaladas junto com a respiração. É essa característica, a volatilidade, que determina o perfil da composição dos perfumes, como será explicado na quarta estação desta viagem.

Entender a relação do homem com o olfato é compreender e dominar uma forma silenciosa, e por isso poderosa, de comunicação, da qual ninguém pode escapar.

Estudos do comportamento buscam entender como, mesmo de forma inconsciente, as pessoas formam suas percepções sobre as outras, impactadas pelo perfil de seu perfume. Por essa razão, é tão importante saber como escolher o perfume ideal

---

18 ELLENA, Jean-Claude. *Diário de um perfumista*. Editora Record. Rio de Janeiro, 2013.

19 SÜSKIND, Patrick – *O Perfume - A história de um assassino*. Editora Record. Rio de Janeiro, 1985.

para cada ocasião quanto qual roupa vestir.

Um bom exemplo da relevância do olfato no dia a dia está nas conclusões de um estudo desenvolvido por Sabine Sczesny e Dagmar Sahlberg, psicólogas da Universidade de Berna, Suíça, relatado na revista *Mente e Cérebro*, de agosto de 2016, dirigida a profissionais e estudantes da área da saúde[20], que apontou que mesmo perfumes de boa qualidade nem sempre geram boa impressão. Nesse trabalho, por exemplo, foi constatado que a escolha do perfume pode atrapalhar ou ajudar na hora de conseguir um emprego.

Foi apontado que as mulheres têm mais chances de ser aprovadas em uma entrevista de emprego para um cargo executivo quando utilizam um perfume masculino. Por outro lado, quando a vaga pretendida está ligada a um estereótipo mais feminino, como secretária, o uso de perfume masculino pode resultar em desvantagem.

Na área da comunicação corporativa, tais conhecimentos estão levando as empresas à criação de assinaturas olfativas, que consiste no desenvolvimento de uma fragrância para simbolizar a empresa olfativamente. Assim como seu logotipo a representa visualmente, a assinatura olfativa deve representar a empresa por meio de um cheiro característico que expresse e comunique sua personalidade.

OS CHEIROS E AS EMOÇÕES

Outro conhecimento sobre o olfato, que tem influência decisiva no consumo de perfumes, diz respeito à memória olfativa. A preferência por determinado cheiro está relacionada às sensações vividas quando esse cheiro é inalado.

Conforme a especialista Sonia Corazza, "uma das estruturas mais antigas do organismo, a parte do cérebro que se destinava primitivamente ao olfato, evoluiu e, hoje, controla as emoções e outros aspectos do comportamento"[21].

---

20 Perfume de homem ajuda a arranjar emprego. Scientific American – Mente e Cérebro (http://www2.uol.com.br/vivermente/noticias/perfume_de_homem_ajuda_a_arranjar_emprego.html)

21 CORAZZA, Sonia. *Aromacologia - uma ciência de muitos cheiros*, Editora Senac, 4ª edição. São Paulo, 2015.

Tal fato é destacado também por Rachel Herz, da Universidade Brown, autora do livro *The Scent of Desire* (O aroma do desejo). Em matéria publicada no jornal *O Estado de S. Paulo*[22], Herz afirma que "é importante lembrar que o córtex olfativo está relacionado ao sistema límbico do cérebro e com a amígdala, onde as emoções nascem e as memórias emotivas são registradas. É por isso que cheiros, sentimentos e memórias ficam tão próximos".

Um exemplo interessante da influência das emoções na percepção dos cheiros foi narrado por Céline Morineau, filha do perfumista francês Jean Luc Morineau, em uma conversa informal no Instituto do Perfume[23]. Céline contou sobre o resultado de um exercício feito por seu pai em sala de aula, durante seu curso na ABC Cosmetologia.

22 ANGIER, Natalie. *O olfato é o sentido mais ligado às emoções e à memória*. O Estado de S. Paulo (http://ciencia.estadao.com.br/noticias/geral,olfato-e-o-sentido--mais-ligado-as-emocoes-e-a-memoria,218772)

23 Instituto do Perfume é uma organização sem fins lucrativos localizada em São Paulo e criada para incentivar e auxiliar o desenvolvimento do mercado de perfumes (www.institutodoperfume.com.br).

Morineau solicitou à sua turma que cada aluno colocasse em uma tabela, na primeira coluna, uma lista de cheiros "bons", na segunda, uma lista de cheiros "ruins". Ao olhar uma das tabelas entregues, Morineau chamou o aluno e comentou que ele deveria ter se confundido, pois na coluna em que era para colocar cheiros bons estava, em primeiro lugar, o cheiro de peixe podre.

Então o rapaz explicou que seu pai, que era pescador, passava meses longe da família em alto-mar e, quando retornava, vinha com um forte cheiro de peixe apodrecido, e a alegria era restabelecida em sua casa. Ele adorava esse cheiro.

Sua memória associava um cheiro, que é ruim para a maioria das pessoas, a uma sensação de alegria e bem-estar, resgatando essas emoções positivas toda vez que esse rapaz sentia cheiro de peixe podre, tornando esse odor desagradável em algo positivo e prazeroso.

Esse exemplo mostra o que a ciência estuda e busca entender: como a percepção e o prazer em sentir alguns cheiros estão diretamente ligados às sensações e emoções que são vividas no momento marcado por determinadas fragrâncias.

Entender como os cheiros são gravados emocionalmente na memória auxilia a compreensão sobre os gostos de cada um e reforça o fato de que conhecer e respeitar a preferência olfativa das pessoas é, de certa forma, conhecer e respeitar a sua história e as suas emoções.

Tal característica emocional do olfato é o que torna a perfumaria um universo mágico de emoções e que associa esse sentido, inclusive, à imaginação. Por essa razão, o suíço Jean-Jacques Rousseau, um dos maiores escritores e filósofos do século XVIII, afirmou: "O olfato é o sentido da imaginação"[24].

---

24 Os diálogos de Rousseau. Unifesp (www.revistas.usp.br/cefp/article/download/56561/59617)

NÃO DEIXE DE SENTIR SEU PERFUME PREDILETO

Por estar primordialmente relacionado à sobrevivência, após detectar que um cheiro é habitual ele deixa de ser percebido pelo olfato. Assim, para evitar que o cérebro ignore um perfume, impedindo seu usuário de senti-lo ou levando-o ao uso exagerado das fragrâncias, é preciso seguir duas importantes orientações:

1 – EVITE PASSAR SEMPRE O MESMO PERFUME

É importante investir em algumas fragrâncias diferentes que sejam adequadas às diversas situações do cotidiano, como dias de calor, noites de festa ou trabalho; isso impede que o olfato de quem vive ao seu redor neutralize seu cheiro característico, e mantém o prazer de se sentir perfumado. No destino desta viagem, na Maison Parfum Prosumer, será possível aprender algumas formas de se ampliar as opções de perfumes, criando uma penteadeira completa com perfis olfativos e estilos de fragrâncias adequadas às diversas ocasiões e com um closet bem estruturado.

2 - CRIE UM RITUAL DE QUANTIDADE

Caso uma pessoa prefira usar frequentemente o mesmo perfume, é preciso criar um "ritual" para passá-lo sempre na mesma quantidade, mantendo uma rotina de borrifadas e, mesmo se o perfume não for mais sentido, é preciso ter a consciência de que as outras pessoas já poderão senti-lo suficientemente.

Aberto esse primeiro baú de orientações e curiosidades, ainda na estação "Seu nariz sabe tudo", é preciso aprofundar a percepção dos sentidos humanos, que agem em conjunto promovendo os prazeres sensoriais ao se usar perfumes.

O NARIZ, A INTERSECÇÃO DOS SENTIDOS E O PERFUME

Para usufruir todo o prazer de se apreciar um bom perfume, é importante compreender como os cinco sentidos trabalham em conjunto. Cada um atua como um filtro natural do mundo exterior, captando informações através dos órgãos receptivos, sempre em conjunto, e transmitindo suas impressões ao cérebro por meio de impulsos nervosos[25].

Todas as informações sensoriais são enviadas à região do cérebro chamada tálamo, que funciona como uma estação de chegada e fica no centro do encéfalo.

Os sentidos envolvidos aqui, cuja intersecção é mais fácil de imaginar, são o olfato e o paladar pela proximidade e ligação física. Vale lembrar que o alimento também contém moléculas voláteis que se desprendem com a mastigação, o nariz detecta essas moléculas que flutuam no ar, ao mesmo tempo em que a língua sente seu gosto, potencializando a experiência de saborear um alimento. Por essa mesma razão, não raro, quando uma pessoa está com o nariz congestionado, ela acaba perdendo o apetite[26]. Alguns especialistas chegam a

---

25 BARROS, Paulo M. Material de apoio - Aula de Intersecção dos Sentidos - Instituto do Perfume. São Paulo, 2015.
26 PARKER, Steve. *O Tato, o Olfato e o Paladar*. Editora Scipione. São Paulo, 1993.

afirmar que metade do sabor é cheiro.

Por outro lado, através dessa intersecção de sentidos, é também possível "provar" um cheiro. "Isso acontece porque as moléculas de odor passam do nariz para a boca"[27], onde algumas moléculas, presentes no estado gasoso, dissolvem-se na saliva aquosa que envolve a língua e estimulam os receptores ali existentes, possibilitando sentir o "gosto" do cheiro.

Na perfumaria, notas chamadas de gourmets ou gourmands, conceito que será mais bem explicado na quarta estação desta viagem, como chocolate e caramelo, chegam a estimular o paladar e podem despertar fome ou vontade de comer doces, como acontece com o próprio cheiro de comida.

Todos os órgãos sensoriais captam as informações e as direcionam ao cérebro, mais especificamente ao córtex cerebral, onde ficam armazenadas nos centros da memória: o hipocampo e a amígdala.

É importante também destacar como a intersecção dos sentidos atua na formação da memória. Em um mesmo momento, todos os sentidos trabalham interpretando um mesmo fato por seu canal de comunicação com o mundo, e esse conjunto de informações é armazenado de forma associada a um momento que também gera uma emoção[28].

As memórias não consistem apenas de fatos expressos na forma de palavras, como nomes de lugares ou de pessoas, mas de padrões de movimento, como andar de bicicleta, tocar um instrumento etc., e também de um conjunto de sensações captadas pelos órgãos dos sentidos: imagens, sons, cheiros, texturas e emoções.

Dessa forma, ouvir uma música pode lembrar um sentimento ou uma cor pode lembrar o gosto de um alimento. A memória trabalha sempre em conjunto com as percepções da realidade filtrada por todos os cinco sentidos.

Diz o ditado que os olhos comem primeiro. Ao visualizar um alimento, o cérebro busca identificar o gosto do alimento acessando seus dados armazenados na memória. Ao olhar um frango, seu formato e cor característicos, a pessoa, automaticamente, lembra-se de seu gosto. Ao se aproximar, sente seu cheiro e tem a produção de saliva

---

27 PARKER, Steve. *O Tato, o Olfato e o Paladar*. Editora Scipione. São Paulo, 1993.

28 PARKER, Steve. *O Tato, o Olfato e o Paladar*. Editora Scipione. São Paulo, 1993.

estimulada. É dessa maneira que se forma a intersecção básica dos sentidos armazenados na memória de cada pessoa.

E se esse frango é roxo e com cheiro de plástico? O cérebro entende se tratar de um alimento com seu sabor gravado e estimula suas glândulas salivares da mesma forma? É claro que não.

E com os perfumes, como isso acontece?

Como descrito pela especialista Rachel Herz, "é importante lembrar que o córtex olfativo está envolvido com o sistema límbico do cérebro e com a amígdala, onde as emoções nascem e as memórias emotivas são registradas. É por isso que cheiros, sentimentos e memórias ficam tão próximos".

Além dos cheiros, imagens e percepção tátil, as memórias olfativas são repletas de emoções.

A INFLUÊNCIA DOS DEMAIS SENTIDOS NA PERCEPÇÃO DO CHEIRO

Assim como o cérebro não é capaz de compreender como alimento um frango roxo com cheiro de plástico, ele terá dificuldade de identificar, por exemplo, notas olfativas de hortelã contidas em um perfume com a cor, predominantemente, rosa.

Uma mudança na cor original da matéria-prima fragrante, conforme armazenado na memória, interfere na percepção de sua presença em um perfume.

Por essa razão, até mesmo os profissionais de design precisam conhecer sobre notas olfativas e suas características, para que possam criar embalagens que potencializem a percepção do perfil olfativo de uma fragrância, estimulando o consumidor a sentir e apreciar um perfume em sua plenitude.

Pode-se concluir, então, que é preciso quebrar alguns padrões repetidos sem questionamento, como, por exemplo, sempre criar uma embalagem cor-de-rosa para perfumes direcionados às meninas, mesmo que se trate de uma fragrância cítrica ou verde. A embalagem precisa auxiliar na percepção das características olfativas do perfume para comunicar visualmente a composição da fragrância, identificando-a com seu público, mas levando-se em conta um perfil olfativo coerente com o conceito criado para o perfume. Dessa forma, com certeza o perfume será mais bem apreciado e encontrará seus admiradores.

ESTAÇÃO 3

QUEM DEIXA O MUNDO MAIS CHEIROSO

Se na indústria fonográfica muitos dos seus consumidores reconhecem a existência de um grande e diversificado número de talentos envolvidos no lançamento de uma música, de um artista ou de um álbum, na de perfumes são poucos os que conhecem a estrutura produtiva, as empresas e os profissionais necessários para se lançar uma nova fragrância. Nem só de perfumistas é feito esse mercado. A indústria de perfumes depende também de uma grande diversidade de empresas e profissionais. Esse conhecimento torna-se uma bagagem indispensável para que os consumidores de perfumes entendam a quem devem manifestar seus gostos e opiniões.

Conhecendo melhor como funciona a indústria da perfumaria, será possível entender, por exemplo, por que alguns perfumes tornam-se clássicos e se perpetuam com pequenas alterações após décadas de seu lançamento, enquanto outros simplesmente desaparecem com poucos anos de mercado.

OS NARIZES, OS FABRICANTES DE PERFUMES E AS CASAS DE FRAGRÂNCIAS

É clara a razão de o perfumista ser chamado de "O Nariz", uma referência direta ao olfato desenvolvido desses profissionais que podem identificar até 3 mil notas olfativas diferentes e gravar na mente os cheiros oriundos de suas misturas. Como, por exemplo, identificar o aroma da junção do óleo essencial de jasmim com o de rosas nas mais diversas proporções.

Após aprender mais sobre a complexidade neurológica da percepção do olfato, é impossível não destacar a importância daqueles que têm esse sentido superdesenvolvido. Para entender a vida pelo ponto de vista de um "nariz", Jean-Claude Ellena, considerado um dos melhores "narizes" do mundo, descreve em seu livro *Diário de um perfumista*[29] sua percepção sensorial em uma simples viagem:

---

[29] ELLENA, Jean-Claude, *Diário de Um Perfumista*. Editora Record. Rio de Janeiro, 2013.

"No avião, minha vizinha de poltrona está usando First, de Van Cleef &Arpels. Seu perfume mal encobre o odor de cigarro que impregna suas roupas. A seu lado, o marido é sacudido por pequenos soluços intermitentes que exalam a alho mal digerido.

A agudeza do meu olfato me permite perceber e identificar todos os tipos de odores, mais ou menos secretos, até mesmo os ocultos. Não é raro que descubra um odor de álcool, de tabaco, de suor, de hálito ou de algum alimento forte, tudo isso me é facilmente perceptível, sem que necessariamente provoque minha repugnância."

Os perfumistas, normalmente, têm formação em engenharia química, farmácia ou até em outras áreas porque, normalmente, fazem suas "escolas" nas casas de fragrâncias, adquirindo experiência prática desde os setores de avaliação até chegarem à criação de perfumes.

Esses profissionais combinam cada nota olfativa, como se chama uma matéria-prima única da perfumaria — como o óleo essencial de violeta (nota olfativa de violeta) — e seguem formando acordes e fragrâncias com o objetivo de criar perfumes para um determinado perfil de pessoa e uso, conforme solicitado pelas marcas a essas casas de fragrâncias.

As casas de fragrâncias são empresas que criam composições olfativas, combinando óleos essenciais, naturais ou sintéticos, fabricados por elas próprias ou comprados de outras casas maiores. Esses ingredientes são o ponto de partida para suas equipes de perfumistas criarem as fragrâncias a pedido das indústrias de perfumes e cosméticos, das marcas de moda ou personalidades, que entregam ao departamento de criação dessas empresas um documento chamado *briefing*.

A palavra *briefing*, em inglês, significa instruções e é utilizada em diversas áreas para nomear um documento com informações detalhadas para o desenvolvimento de um trabalho.

O *briefing* para a criação de fragrâncias contém orientações sobre o perfume que deve ser criado, qual é o público-alvo, o uso desejado, enfim, as informações necessárias para orientar a sua criação.

Esse *briefing* pode ser enviado a uma ou mais casas de fragrâncias, abrindo uma concorrência para a criação de algumas opções que serão analisadas e escolhidas pela equipe de avaliadores, analistas e marketing da empresa que solicitou o produto.

Somente as grandes perfumarias têm perfumistas exclusivos. No Brasil, Veronica Kato é a perfumista exclusiva da Natura. É a única perfumista da América Latina que trabalha em empresa de perfumaria e cosméticos e não em uma casa de fragrâncias[30]. Um exemplo no cenário internacional é a Casa Hermès, que será mais bem apresentada na última estação dessa viagem, na visita às perfumarias de

---
30 FERNANDES, Andressa. Quer trabalhar como perfumista? - *Chic* (http://chic.uol.com.br/beleza/noticia/quer-trabalhar-como-perfumista-conversamos-com-veronica-kato-da--natura-para-entender-este-mercado).

luxo. Jean-Claude Ellena foi o perfumista oficial da Maison Hermès de 2004 a 2016. Hoje ele é consultor da marca, após ser substituído por Christine Nagel, perfumista suíço-italiana que assumiu oficialmente o prestigiado posto e é autora de vários sucessos da perfumaria como Sì, de Giorgio Armani, e For Her, de Narciso Rodriguez[31]. Apesar desse mercado ter milhares de perfumes lançados todo ano, o número de criadores é bem restrito.

As casas de fragrâncias, quando são de grande porte, além de criarem fragrâncias consagradas, também desenvolvem e produzem óleos essenciais naturais ou sintéticos e os vendem às casas menores. As maiores empresas desse mercado investem cifras milionárias na criação de novas moléculas, gerando matérias-primas que farão parte das criações da indústria de perfumes mundial.

Porém, como destacam os próprios perfumistas, é muito difícil abrir caminho para novos odores, como aconteceu com o âmbar. O novo é, desde sempre, uma aposta que significa riscos financeiros, normalmente evitados pelas empresas, limitando a criatividade para novas descobertas e formulações criativas, fazendo com que a indústria opte por criações com maior segurança comercial e dentro de um perfil olfativo que já seja do agrado de seus consumidores.

Em um universo de criações perfumísticas mais ousadas estão as perfumarias de nicho, que também serão visitadas na quarta estação desta viagem, quando um grande universo de perfumes de luxo, com narrativas inusitadas, será apreciado.

Pelo caráter emocional do olfato, para se criar novas moléculas ou fórmulas consagradas é preciso conhecer não apenas matérias-primas e suas formas de extração, mas, essencialmente, as pessoas, seus gostos e suas emoções.

Para destacar a importância das pessoas para esses profissionais, Napoleão Bastos Junior – perfumista sênior da IFF –, membro da equipe de criação do

---

[31] Hermès lança simultaneamente duas colônias. Revista *Vogue* (http://vogue.globo.com/beleza/beleza-news/noticia/2016/06/hermes-lanca-simultaneamente-duas-colonias.html)

perfume Malbec, de O Boticário, sempre comenta em suas palestras e entrevistas: "Eu não entendo de perfumes, eu entendo de pessoas".

O criador de um produto que está ligado diretamente ao emocional dos seres humanos precisa ter a sensibilidade e o conhecimento para tocar as emoções através dos perfumes. Por essa razão, um perfume de sucesso é um conjunto de elementos que se interligam: a fragrância, o nome, seu frasco, sua válvula e sua comunicação ao mercado. Tudo tem que estar apto a tocar os sentidos dos consumidores.

Além do *briefing* para a criação da fragrância, são desenvolvidos ainda outros *briefings* para fornecedores diversos, como o de embalagem, que determina a criação dos frascos e cartuchos por designers especializados; o de criação das peças de comunicação dos perfumes, enviado para agências de publicidade; o de materiais de ponto de venda, entre outras peças.

Todos esses aspectos são orquestrados pela equipe de desenvolvimento de produto e marketing da empresa que lançará o perfume, seja ela uma indústria de perfumes, seja uma marca de moda ou de joias que, normalmente, terceirizam a produção de seus perfumes com empresas especializadas que traçam as etapas de elaboração do perfume. E, ainda, estabelecem um planejamento para compra e recebimento das as matérias-primas necessárias para colocar o perfume em sua linha de produção, incluindo a fragrância – aprovada entre as opções apresentadas pelas casas de fragrâncias, produzida e entregue em grande quantidade.

As marcas de perfumes são como as empresas e profissionais que lançam novos sucessos musicais: elas conhecem o mercado, os consumidores, as redes de distribuição para o produto chegar ao seu público e tudo que deve ser feito para um perfume ser lançado.

A criação de um perfume é um trabalho extremamente complexo. Somente o processo de criação da fragrância pode chegar a ter mais de 200 componentes e levar mais de dois anos, especialmente se o projeto envolver a criação de novas moléculas, como aconteceu no Brasil com o lançamento do perfume masculino Malbec, de O Boticário.

Esse perfume contou com a criação de uma nova molécula, inspirada nos barris de carvalho que armazenam os vinhos, desenvolvida pela equipe da IFF, uma das maiores casas de fragrâncias do mundo, chefiada pelo premiado perfumista Napoleão Bastos Junior, em parceria com a equipe de Cesar Antonio Veiga, do departamento de avaliação de fragrâncias do Grupo Boticário.

Esse processo de parceria entre as equipes das casas de fragrâncias e seus clientes é chamado de cocriação, e pode envolver também a participação de consumidores que contribuem com suas sugestões e opiniões por meio de pesquisas, participação em testes e outras ferramentas de aferição do desejo. Por isso será grande a contribuição de futuros consumidores que se tornem especialistas nesse mercado.

Não raro ocorre o que aconteceu no I Congresso Internacional de Perfumaria, em 2015, quando Napoleão Bastos Junior e Cesar Antonio Veiga subiram ao palco para contar como foi, na prática, essa cocriação, integrando as equipes da IFF e do Grupo Boticário em torno de um objetivo comum: a criação de uma fragrância única, com uma nova molécula olfativa, para um perfume que estampasse o DNA da marca O Boticário. O resultado foi um grande sucesso: Malbec.

Para compreender o processo complexo de criação de um novo perfume e da relação da indústria com as casas de fragrâncias, a seguir está transcrita parte da entrevista com Veronica Kato, perfumista exclusiva da Natura, publicada no site *Chic*[32], da estilista Gloria Kalil, sobre o processo de criação de perfumes da marca.

"O trabalho na Natura envolve uma parceria de desenvolvimento com ca-

---

[32] FERNANDES, Andressa. Quer trabalhar como perfumista? - *Chic* (http://chic.uol.com.br/beleza/noticia/quer-trabalhar-como-perfumista-conversamos-com-veronica-kato-da--natura-para-entender-este-mercado).

sas de fragrâncias do mundo todo, que trabalham com Veronica desde o início. No caso de um novo perfume, esse processo leva cerca de três anos; se for uma variação de linha, esse tempo é reduzido para um ano. Todo o sistema da casa de fragrâncias está aqui dentro, as fórmulas vêm e vão. Assim temos fragrâncias de qualidade, matérias-primas do mundo inteiro e controle de preço competitivo.

Uma nova fragrância começa pelo alinhamento do conceito com o núcleo olfativo e o marketing. No caso do lançamento de Amó, por exemplo, foram cerca de 20 pessoas envolvidas, incluindo os designers de frasco e filósofos e sociólogos para discutir a fundo o conceito do amor para o perfume. Quando nasce uma marca nova, pensamos em qual pode ser o convite dela, aí começamos a desenhar olfativamente no núcleo de fragrância. Após acertar o *briefing* internamente, são convidadas casas de fragrâncias do mundo todo para trazer *insights* ao perfume. Começamos então a trabalhar na cocriação através de conferência telefônica, aí passamos o que fazemos para avaliação da casa, retorna, vamos construindo junto, que geralmente parte de seis caminhos olfativos para chegar a um no final.

Para afunilar essas opções de fragrâncias, elas vão sendo submetidas ao núcleo de avaliadores internos, além de aprovação da diretoria, até chegar a cerca de três composições que vão então para a pesquisa de mercado."

Dessa forma, é nas grandes casas de fragrâncias que trabalham os narizes mais premiados do mundo. É essencial dizer que perfumista é um ofício que, até os dias atuais, é uma tradição que passa de pai para filho, como pode ser visto no breve histórico de alguns dos mais famosos narizes[33] do mundo e suas criações:

Carlos Benaïm – nascido no Marrocos, é filho de um farmacêutico apaixonado pela extração de óleos essenciais e, por essa razão, teve uma infância repleta de estímulos olfativos. Atualmente trabalha na

---

33 BARROS, Daniel. Ego in vitro (https://egoinvitro.com.br/perfumistas/)

sede da International Flavors & Fragrances (IFF), em Nova York. Entre suas criações mais famosas estão CKIN2U, Euphoria, Euphoria Men, Contradiction Men e Eternity Men, para a Calvin Klein; Carolina Herrera, Herrera for Men, Herrera Aqua, para Carolina Herrera; Pure Poison, para Dior; Red Door e White Diamonds, para Elizabeth Arden; Armani Code, Very Irrésistible, para Givenchy; Quizas Quizas Quizas, para a Loewe; M de Mariah Carey, Prada Amber, Polo, Polo Blue e Polo Supreme Oud, para Ralph Lauren; Flowerbomb, para Viktor & Rolf; L'Homme Libre, para Yves Saint Laurent, além de LiquidNight para a casa de nicho A Lab on Fire e Eau de Magnolia para Frédéric Malle, perfumaria de nicho com a proposta de ser uma "editora de perfumes", que aguarda visitantes na quarta estação desta viagem.

Alberto Morillas – nascido em 1950 em Sevilha, descobriu sua paixão por perfumaria de uma forma incomum: ao ver um anúncio da Guerlain numa revista francesa quando tinha 18 anos. Vivendo nessa época na Suíça, passou dois anos estudando na École des Beaux Arts de Genebra e foi contratado pela Firmenich em 1970 como perfumista júnior. Autodidata, desenvolveu seu próprio estilo desde cedo. Segundo o especialista em perfumes Daniel Barros, Morillas é avesso a computadores e escreve todas as suas fórmulas à mão, usando canetas de cores diferentes para simbolizar uma mudança de humor ou estilo. Criações famosas: Acqua di Gio, para Giorgio Armani; 212, para Carolina Herrera; CK One, para Calvin Klein; Omnia e Bvlgari Man, para a Bvlgari; Byzance, para a Rochas; Pleasures, para Estée Lauder; Salvador Dalí, Pi, para Givenchy; Mugler Cologne, para Thierry Mugler; Valentina, para Valentino; Versace pour Homme, M7, para Yves Saint Laurent; Kenzo Flower, Miracle, para a Lancôme; Lanvin l'Homme, Daisy, para Marc Jacobs; Le Baiser du Dragon e Panthère, para Cartier e Essenza di Zegna.

Maurice Roucel – perfumista francês da Symrise há mais de 20 anos. Em 2012, ao lado de outros quatro perfumistas, Maurice foi nomeado Chevalier de l' Ordre des Arts et des Lettres, a condecoração mais alta do Ministério da Cultura francês. "A arte não existe sem a técnica, e a técnica nunca seria nada sem a arte." Essa é a frase que Maurice adora repetir. Nasceu em Cherbourg, na França, e mudou-se para Paris com sua família aos 5 anos. Apaixonado por química orgânica e física teórica, em 1973 foi contratado por Henri Robert, perfumista da Chanel, inicialmente para desenvolver o laboratório de cromatografia. Seguiu de forma autodidata aprendendo sobre perfumaria na prática, estudando cada fórmula e cada matéria-prima. Depois da Chanel, trabalhou em diversas casas de fragrâncias. Atualmente foi contratado pela Symrise brasileira para integrar seu time de perfumistas. Entre suas criações famosas estão: L'Instant de Guerlain, para a Guerlain, Kenzo Air, Lalique pour Homme, Hypnôse Homme, para a Lancôme; L, para Lolita; Missoni e Rochas Man.

Após compreender como funciona o processo de criação de um perfume, é muito importante e indispensável conhecer melhor o fascinante universo das empresas responsáveis pela criação dos cheiros escolhidos para acompanhar, no dia a dia ou em ocasiões especiais, milhões de pessoas em todo o mundo.

AS MAIORES CASAS DE FRAGRÂNCIAS DO MUNDO – CRIANDO SUCESSOS E TENDÊNCIAS

Nesta estação, sobre as empresas e profissionais que deixam o mundo mais cheiroso, é importante destacar que as fragrâncias dos perfumes *premium*, das grandes marcas mundiais, são normalmente desenvolvidas pelas maiores casas de fragrâncias do mundo. Esse mercado é dominado por quatro delas: as multinacionais suíças Givaudan e Firmenich, a americana IFF e a alemã Symrise.

Todas elas estão presentes no Brasil e, aqui, desenvolvem fragrâncias para os perfumes e produtos de higiene e beleza de grandes empresas de perfumes e cosméticos, como O Boticário e Natura.

As grandes casas de fragrâncias do mundo formam o motor da perfumaria mundial lançando tendências olfativas e, principalmente, investindo grande parte de seus orçamentos em pesquisas para desenvolvimento de novos óleos essenciais, na descoberta de novas matérias-primas fragrantes e na criação de novas moléculas, uma atividade essencial para a evolução da perfumaria.

Um exemplo desse investimento foi a inauguração da fábrica de manteigas e óleos essenciais da Symrise no Ecoparque, um condomínio sustentável de empresas criado pela Natura, no município de Benevides, a 35 km de Belém. A Symrise enxergou nesse projeto a possibilidade de atuar junto às mais ricas fontes de matéria-prima orgânica para perfumaria.

AS CASAS DE FRAGRÂNCIAS E OS PERFUMES QUE ROMPERAM A BARREIRA DO TEMPO

Os investimentos em pesquisa e desenvolvimento das casas de fragrâncias, além do trabalho de criação de novas moléculas e novas matérias-primas, também são responsáveis pela continuidade da comercialização de grandes clássicos da perfumaria mundial, que teriam suas formulações fortemente alteradas por diversos fatores, principalmente devido à proibição do uso de alguns óleos essenciais naturais por questões ambientais.

AS CASAS DE FRAGRÂNCIAS ESTÃO POR TODA A SUA CASA

Apesar de o tema desta viagem ser perfume, é importante destacar, nesta estação, que as casas de fragrâncias desenvolvem fragrâncias não apenas para perfumes. Elas garantem um dia a dia muito mais agradável a todos, perfumando os produtos que contenham cheiro usados, habitualmente, em todos os lares do mundo, tais como cosméticos, itens de higiene pessoal, produtos de limpeza, entre outros.

Isso significa um mercado muito grande, que leva as maiores casas do mundo a faturarem acima de 1 bilhão de dólares cada uma por ano.

Normalmente, as casas de menor porte atendem a pequenas fábricas de produtos que compram quantidades menores de fragrâncias, de perfil e qualidade mais elementares, como, por exemplo, fórmulas à base de eucalipto ou lavanda para desinfetantes, lustra--móveis, velas artesanais etc.

Já as contas de grandes empresas de cosméticos ou mesmo de produtos de limpeza normalmente são internacionais, ou seja, a casa de fragrâncias que cria e vende a fragrância de um determinado produto para a Procter & Gamble (produtos para o lar) ou L´Oréal (cosméticos), nos Estados Unidos, é a mesma que vende essas mesmas fragrâncias para a fabricação desses produtos em suas fábricas brasileiras, garantindo o padrão mundial de cada item do seu portfólio.

Na bagagem adquirida nesta etapa da estação é preciso acrescentar que, além de produzir cheiros, boa parte das casas de fragrâncias produz também gostos, pois são especializadas em fragrâncias e aromas.

OS PERFUMES CLÁSSICOS QUE AINDA SÃO COMERCIALIZADOS MUDARAM SUAS FÓRMULAS? – OS BENEFÍCIOS DAS NOTAS SINTÉTICAS PARA A PERFUMARIA

Para garantir a continuidade de muitos perfumes que se tornaram clássicos, mesmo com a proibição de muitos e importantes óleos essenciais naturais usados em suas composições – ocorrida por razões ambientais ou pela extinção de determinadas matérias-primas orgânicas –, as casas de fragrâncias investiram cifras volumosas na busca de substitutos olfativos para essas substâncias proibidas, a fim de preservar ao máximo as suas características originais.

A natureza é a maior criadora de matérias-primas fragrantes. Seus aromas são o resultado de uma combinação de centenas de moléculas. Para fazer uma molécula sintética, os químicos pesquisam, por exemplo, a composição aromática de uma planta e buscam isolar a maior parte dela, reproduzindo-a em laboratório[34].

Para exemplificar o trabalho das casas de fragrâncias no desenvolvimento de matérias-primas sintéticas, é interessante citar o clássico e polêmico âmbar gris (*ambre gris*, em francês; *grey amber*, em inglês), óleo natural que tem como matéria-prima uma substância desenvolvida dentro do estômago da baleia cachalote que, em algum momento, é regurgitado e permanece flutuando no mar, sendo curtido pela maresia.

O âmbar gris é um óleo essencial com cheiro bastante intenso e exótico e de alta densidade, ou seja, evapora muito lentamente e, por isso, garante boa fixação ao perfume, como será apresentado na quarta estação.

Pelo alto valor de sua matéria-prima natural, é chamado de ouro flutuante. Porém a ganância humana gerou a busca pelo âmbar através da pesca predatória. Mesmo sendo muito baixa a probabilidade da baleia estar com âmbar no estômago, a procura levou esse animal quase à extinção.

Devido às dificuldades de ser encontrado naturalmente no mar, de seu alto custo e da pesca predatória, em 1950, mesmo antes de sua proibição – que nos Estados Unidos ocorreu em 1972[35] –, as casas de fragrâncias conseguiram criar uma molécula sintética cuja

---

34 MONTEIRO, Alfredo. Material de apoio - aulas de perfumaria. Vollmens Fragrances. www.vollmensfragrances.com.br - Instituto do Perfume. São Paulo, 2015.

35 CASTRO, Mayra Corrêa. Sobre o âmbar gris (www.casamay.com.br/2014/08/05/sobre-o-ambar-gris)

composição aproxima-se olfativamente do cheiro do âmbar natural.

Na década de 1950, as primeiras casas a lançarem moléculas sintetizadas de âmbar foram a Firmenich e a Givaudan[36], que comercializaram seus óleos sintéticos de âmbar sob o nome de Celatox e Ambrofix, respectivamente.

Segundo apresentou o perfumista Alfredo Monteiro, criador do perfume Bem Glo, da Avatim, em seu material de aula no Instituto do Perfume, os produtos sintéticos talvez nunca substituam completamente os naturais, porém auxiliam na continuidade do uso olfativo de muitos óleos proibidos ou extintos. Isso possibilitou a continuidade da fabricação de perfumes clássicos, como, por exemplo, o Chanel nº 5 mantendo o mesmo perfil olfativo de sua criação original.

As moléculas sintéticas garantiram a continuidade de perfumes clássicos e, ainda, permitiram que novas criações pudessem continuar fazendo uso desses perfis olfativos, como, por exemplo, o elegante e sensual âmbar, presente em muitos lançamentos recentes da perfumaria *premium*, como o Black XS, de Paco Rabanne, lançado em 2005, ou o feminino Reveal, de Calvin Klein, de 2014.

De uma maneira geral, as notas olfativas proibidas, por serem de origem animal, dão um toque de sensualidade às fragrâncias. Além do âmbar, ainda outras foram substituídas por sintéticas, como, por exemplo, o musk, em português almíscar, que tinha origem natural nas glândulas do cervo almiscareiro. Uma nota densa que demora a desprender-se sendo mais bem sentida horas depois de ser projetada na pele ou fita olfativa. Uma nota elegante que dá certo ar de mistério ao perfume[37].

Outros exemplos interessantes de serem citados são o castoreum e o civete. O primeiro é, originalmente, obtido das glândulas do castor e está relacionado à manutenção de seus pelos. Tem um cheiro que vai confundindo a percepção, por vezes apresenta um aroma de madeira, outras, traz um toque azedo. Uma ótima definição olfativa dessa nota foi publicada por Dênis Pagani em seu blog: "Logo de saída parece conserva de azeitona, depois couro e tem também um aspecto que lembra madeira molhada. Tudo numa

---

36 CASTRO, Mayra Corrêa. Sobre o âmbar gris (http://casamay.com.br/2014/08/05/sobre-o-ambar-gris/)

---

37 MONTEIRO, Alfredo. Material de apoio - aulas de perfumaria. Vollmens Fragrances. www.vollmensfragrances.com.br - Instituto do Perfume. São Paulo, 2015.

impressão espessa, oleosa e quente"[38].

O civete é outro óleo essencial de origem animal que foi proibido. Tem sua origem na glândula odorífera do gato selvagem, criado em cativeiro, especialmente na Etiópia. Possui um odor natural desagradável, um tanto fecal, mas que compõe perfumes de forma exemplar, incorporando o cheiro das notas mais leves. Entre os clássicos que utilizavam seu óleo essencial natural, hoje substituído pelo correspondente sintético, está o feminino Shalimar, da Guerlain, criado em 1925[39].

Outra vantagem dos investimentos em moléculas sintéticas, além da manutenção dos perfumes clássicos no mercado e continuidade de seu uso em novas criações após a proibição, como destaca Alfredo Monteiro, é também garantir a viabilidade financeira de muitos perfumes.

Existem óleos essenciais naturais que têm custos de extração ou produção extremamente altos e cujo uso só seria viável em perfumes de luxo devido ao grande valor que acrescentam às suas fórmulas. Mas, através do uso de moléculas sintéticas de ótima qualidade, desenvolvidas pelas grandes casas de fragrâncias, essas notas olfativas podem ser utilizadas em perfumes mais acessíveis, viabilizando criações com perfil olfativo que só seriam viáveis nos mercados de luxo ou *superpremium*.

Ao ser feita uma comparação olfativa do óleo essencial natural puro e seu sintético, as diferenças são bastante perceptíveis na intensidade e no aspecto "natural" do cheiro em contraste com um odor mais artificial do óleo sintético, como, por exemplo, o sândalo natural e o badano, seu correspondente sintético.

Porém, na composição da fragrância, apenas um nariz muito treinado é capaz de identificar se foi feito o uso do óleo natural ou do sintético.

Isso acontece porque as moléculas sintéticas são criadas por químicos nos laboratórios. Segundo Alfredo Monteiro, "os odores das matérias-primas naturais resultam da combinação de centenas de moléculas. Os químicos analisam a composição aromática de uma planta ou substância de origem animal e isola a maior parte dela".

Dessa forma, o trabalho de desenvolvimento de moléculas sintéticas pelas grandes casas de fragrâncias viabilizou a conti-

---

38 PAGANI, Dênis. Falando perfumês (http://1nariz.com.br/2013/falando-perfumes/materiais-animais-em-perfumaria-ambergris-castoreum-civet-musk-)

39 MONTEIRO, Alfredo. Material de apoio - aulas de perfumaria. Vollmens Fragrances. www.vollmensfragrances.com.br - Instituto do Perfume. São Paulo, 2015.

nuidade de muitos clássicos que continham óleos essenciais naturais proibidos, garantiram que novas composições ainda pudessem utilizar notas importantes para perfumaria e viabilizaram o acesso do perfume com perfil olfativo sofisticado a uma camada muito maior da população.

Porém, o uso dos sintéticos ultrapassou seu uso pelos perfumistas exclusivamente como substitutos dos naturais e tornaram-se necessários para novas criações de determinados perfis olfativos, como, por exemplo, os aldeídos, moléculas sintéticas utilizadas para acender uma composição como um todo.

Assim, pode-se concluir que, graças ao trabalho das casas de fragrâncias no desenvolvimento de moléculas sintéticas, os perfumes clássicos puderam ser continuados com pequenas adaptações em suas fórmulas, especialmente em decorrência da substituição de seus óleos essenciais naturais por substitutos sintéticos, preservando, assim, o perfil olfativo original.

FRAGRÂNCIAS X AROMAS – QUAL A DIFERENÇA?

Na língua portuguesa, a palavra aroma foi popularizada como sinônimo de cheiro: "o aroma desse perfume é agradável", aromaterapia, a terapia dos cheiros etc. Tal significado consta, inclusive, nos dicionários:

1. "Odor natural agradável (*a. do campo*). 2. Cheiro agradável que emana de substâncias de origens diversas, fedor, pestilência. 3. Aditivo que reforça ou dá sabor ou cheiro a alimentos industrializados (*pudim com a. de baunilha*)[40].

Apesar de não estar errado o seu uso como sinônimo de cheiro, tecnicamente, no universo dos perfumes, a palavra aroma está relacionada com a última definição citada acima: "aromas são substâncias criadas para acentuar o sabor dos alimentos industrializados".

Algumas casas de fragrâncias, normalmente as maiores, são também produtoras de aromas. Identificam-se as áreas de atuação de cada uma no próprio nome da empresa, como, por exemplo: *Nome da empresa* Flavors & Fragrances (Aromas e Fragrâncias) ou, simplesmente, *Nome da empresa* Fragrances (Fragrâncias).

A palavra *flavor*, em inglês, pode ser traduzida como sabor, em português. Mas utiliza-se no mercado a palavra "aroma" objetivando denominar, especificamente, o significado

---

40 HOUAISS, Antônio, VILLAR, Mauro de Salles, FRANCO, Francisco Manoel de Melo. Dicionário Houaiss da Língua Portuguesa. 4ª edição. Editora Objetiva. Rio de Janeiro, 2009.

de um "aditivo que reforça ou dá sabor ou cheiro a alimentos industrializados".

O uso de aromas, que também podem ser sintéticos ou naturais, pode ser identificado nos rótulos dos alimentos industrializados, como, por exemplo: contém aroma natural de maçã ou aroma artificial de bacon.

Assim, as casas de fragrâncias e aromas vendem fragrâncias para perfumes e aromas para a indústria de alimentos. Dessa forma, fica fácil perceber que o volume de faturamento dessas empresas, que dominam o mercado de fragrâncias e aromas, é justificado pela imensidão do mercado que atendem com fragrâncias para todos os produtos industrializados que contêm cheiros (de perfumes a cosméticos e produtos de limpeza e, ainda, aromas para todo alimento industrializado que possa haver em um supermercado – de bolachas recheadas a pratos prontos congelados).

> **ESTAÇÃO 4**

O PERFUME – PRAZER EM CONHECER

HORA DE SABER TUDO SOBRE O PERFUME

Enfim, o que é perfume?

Observando historicamente o tempo que foi necessário para o desenvolvimento das atuais técnicas de extração de óleos essenciais e a composição de um perfume, pode-se perceber, claramente, que se trata de um produto de elaboração bastante complexa. Por isso será preciso, primeiro, entender como um perfume é composto, para que seja possível evoluir nesta estação, que mostrará tudo sobre esse produto apaixonante.

O perfume é, resumidamente, uma composição de concentrados, óleos essenciais, naturais quando compostos pelos cheiros extraídos da natureza, ou sintéticos, formulados com componentes químicos que os imitam ou podem ter sido criados como novos elementos com cheiros incomuns, conforme descrito na estação sobre as casas de fragrâncias.

Após criado o concentrado desses óleos com uma formulação elaborada por uma equipe de perfumistas, essa fragrância é testada para ser diluída em álcool, que pode ser de cana ou de cereais, mas que, essencialmente, seja de grande qualidade e pureza e que não tenha odor que possa interferir na percepção da fragrância formulada.

Assim, a primeira bagagem necessária para entender sobre esse produto é conhecer melhor as matérias-primas que o compõem: os óleos essenciais.

Segundo a especialista Sonia Corazza, "os óleos essenciais são substâncias que evaporam quando expostos ao ar, a temperaturas normais. Por isso são chamados de óleos voláteis, refrigerantes, etéreos ou essenciais"[41]. Possuem odores próprios e, em geral, "na presença de oxigênio, luz, calor, umidade e metais são muito instáveis, sofrendo inúmeras reações de degradação, o que dificulta a sua conservação, fazendo com que o seu processo de armazenamento seja fundamental para a manutenção de sua qualidade"[42].

O termo "óleo essencial' é utilizado mais frequentemente porque os óleos voláteis representam a "essência" ou os componentes odoríferos das plantas".

A atual arte de capturar os cheiros da natureza em óleos essenciais e uni-los, harmonicamente, em criações perfumísticas, como visto nos dados históricos da primeira estação, é resultado de uma longa evolução:

- dos métodos de extração;
- das pesquisas sobre novas flores, raízes, talos, folhas e demais elementos existentes na natureza que tenham cheiro;
- dos conhecimentos e criações de novas moléculas químicas;
- de muita tecnologia para compor e preservar, em um frasco, as características originais das fragrâncias que usurpam o melhor dos cheiros naturais ou criados

---

41 CORAZZA, Sonia. *Aromacologia - uma ciência de muitos cheiros,* Editora Senac, 4ª edição. São Paulo, 2015.

42 Simões, C. M. O.; Schenkel, E. P.; Gosmann, G.; Mello, J. C. P.; Mentz, L. A.; Petrovick, P. R. Farmacognosia: da planta ao medicamento. 5ª edição. Ed. da UFRGS. Porto Alegre, 2004.

em laboratório e que possibilitam o prazer da perfumação.

Assim como não se pode compor uma música apertando, sem critérios, as teclas de um piano, sem conhecer as escalas, compassos e harmonia, a composição das fragrâncias não é aleatória. O perfume é também uma composição de notas olfativas que devem ser agrupadas, harmonicamente, com começo, meio e fim.

O perfume não é estático, não tem um cheiro único, ele evolui desvendando sua composição. É preciso "escutá-lo", sentir cada movimento. E esse conhecimento é fundamental para apreciar, escolher e usar perfumes.

Para compor um perfume é preciso conhecer, profundamente, todas as matérias-primas disponíveis para criá-lo.

Segundo o perfumista Alfredo Monteiro, em material didático das aulas do Instituto do Perfume, um perfumista tem à sua disposição mais de 3 mil odores, que são as matérias-primas existentes e que podem ser de diversas origens: naturais, sintéticas e reproduções. A composição de um perfume pode chegar a mais de 300 elementos diferentes em um único frasco.

Conhecer as matérias-primas significa saber as características de cada uma. Além do seu próprio cheiro, é preciso saber como ela se comporta quando misturada a outras, por isso é fundamental conhecer a sua volatilidade, ou seja, a capacidade que essa matéria-prima tem de passar do estado líquido para o gasoso, permitindo ser inspirada e percebida pelos órgãos olfativos.

Segundo a especialista Sonia Corazza, os óleos essenciais possuem odores próprios.

Considerando tudo isso, segue uma dica muito importante para garantir vida longa aos perfumes após comprá-los.

ONDE GUARDAR SEUS PERFUMES

Por serem compostos por elementos de alta volatilidade, que sofreram interferência na presença do ar, da luz e da temperatura elevada, os perfumes normalmente possuem sprays que diminuem seu contato com o ar e devem ser guardados longe da luz e do calor. Por isso, mantenha-os longe dos banheiros e da janela do quarto de dormir. O ideal é mantê-los em seus cartuchos, ao abrigo do calor.

A claridade acelera o processo de oxidação do perfume, que altera suas características originais não apenas na sua coloração, mas especialmente no seu cheiro.

COMO É POSSÍVEL EXTRAIR OS CHEIROS DA NATUREZA?

Para obter os óleos essenciais, alguns métodos extrativos são mais usuais, variando de acordo com as características de cada matéria-prima[43]:

- **Destilação a vapor** – é o mais comum. As partes frescas ou secas das plantas são colocadas em um destilador; uma caldeira que produz vapor circula fazendo liberar o óleo essencial da matéria, levando-o para uma serpentina, onde é condensado, possibilitando o processo de extração. Flores da lavanda, folhas de patchuli, tronco do sândalo e sementes de aipo são exemplos de matérias-primas cujos óleos essenciais são obtidos dessa maneira.

- **Prensagem e obtenção a frio** – utilizada para extração de óleos mais voláteis, como os cítricos, que sofrem alterações com o calor e ainda os óleos de oliva, castanhas, amêndoas e sementes. Nesse

---

[43] CORAZZA, Sonia. *Aromacologia - uma ciência de muitos cheiros*, Editora Senac, 4ª edição. São Paulo, 2015.

processo as frutas ou apenas suas cascas são espremidas por uma prensa hidráulica e o óleo essencial é obtido através da centrifugação. Óleos cítricos, como limão, bergamota e laranja, são exemplos de óleos obtidos por prensagem a frio.

- **Extração por meio de solvente** – processo utilizado para se obter óleo essencial de plantas delicadas, com o uso de um solvente químico que extrai o aromático das plantas para depois passar por um processo que evapora o solvente restando o absoluto, como é chamado o óleo essencial, *in natura*, como extraído das plantas. Uma das desvantagens é a possibilidade de o solvente químico impregnar o produto final ou mesmo alterar a composição do produto final. Óleo essencial de rosas, néroli e jasmim podem ser obtidos por esse método.

- **Enfleurage ou enfloragem** – método utilizado para extração de óleos essenciais de flores altamente delicadas, que não podem ser submetidas à destilação a vapor, como violetas e tuberosas, pelo risco de perderem, quase por completo, seus compostos aromáticos. A enfloragem é um método muito rudimentar que consiste em colocar as pétalas das flores sobre um vidro e é aplicada uma camada de gordura vegetal. Após a extração completa do óleo essencial, as pétalas são trocadas por outras, recém-colhidas, até a saturação da gordura vegetal por seus óleos essenciais. Após a saturação, é feita a separação do óleo essencial com o uso de elementos, como o álcool etílico.

Esse era o método aplicado pelo personagem principal do livro *O Perfume*, quando o assassino besuntava o corpo de suas vítimas com gordura para capturar seu cheiro e eternizá-lo para si.

- **Extração por meio de dióxido de carbono (CO_2) em estado supercrítico** – nesse método, que utiliza gases a altas pressões, a matéria-prima a ser submetida à extração é colocada em tanques onde é injetado o dióxido de carbono líquido, que age como solvente e, ao retornar ao estado gasoso, deixa como resultado um produto limpo de resíduos com característica olfativa muito próxima a das plantas vivas. Gerânios e íris são óleos obtidos por esse método.

- Extração por meio de hidrofluorcarbonados – descoberto com a busca por gases refrigerantes e solventes ecologicamente corretos, após a proibição do uso do CFC (clorofluorcarbonados). A extração por hidrofluorcarbonados foi aprovada em 1996 pelo Scientific Committee for Food of the European Commission e, por ocorrer à temperatura ambiente, sem degradação química, o óleo essencial obtido por esse método é limpo, claro e completamente livre de gorduras e ceras.

Angélica e sempre-vivas são óleos obtidos dessa maneira.

AS FASES DA COMPOSIÇÃO PERFUMÍSTICA

A volatilidade dos óleos essenciais é uma característica tão importante para a perfumaria que é ela que determina a classificação e a forma de organização das matérias-primas em grandes grupos.

Todo perfume é composto pela formulação harmônica com notas de alta volatilidade, que evaporam mais rápido, média e lenta que são as notas responsáveis, em parte, pela fixação do perfume.

Seguindo com a metáfora da criação do perfume como uma composição musical, a introdução da "música" olfativa é composta pelas notas mais voláteis, chamadas de "notas de saída", por "se desprenderem" logo quando o perfume é borrifado. Essas notas, por passarem para o estado gasoso mais rápido, são captadas pelo olfato logo no início da percepção do cheiro de uma fragrância e duram apenas alguns minutos, depois evaporam por completo.

Quando um perfume agrada logo quando é inalado e ocorre uma identificação imediata com seu cheiro, significa que o conjunto que despertou afinidades, logo nesse primeiro momento, foi o grupo de suas notas de saída. Não que as demais não possam ser sentidas, mas elas estão "camufladas" por aquelas que evaporam mais rapidamente e serão percebidas de forma mais clara e intensa logo ao borrifar do perfume.

É como em uma orquestra: na introdução, alguns instrumentos de sopro estão em destaque em relação aos instrumentos de cordas e percussão que tocam ao fundo, criando uma base.

Após a introdução, esses grupos de instrumentos de sopro, escolhidos como destaque nesse início, que dominaram a fase inicial da composição, começam a ficar mais "escondidos" até pararem de tocar e o maestro faz crescer a intensidade daqueles que antes faziam a base e o fundo da melodia. Primeiro vão aparecendo os instrumentos de corda, o coração da canção, e, depois, baixos e percussão dominam a melodia, finalizando-a.

Por isso, experimentar um perfume é igual a apreciar uma música que pode ser agradável logo nos primeiros acordes. Mas, para conhecê-la realmente, é preciso ouvi-la até o final. É preciso deixar o perfume evoluir mostrando suas últimas notas, as mais densas, ao desprenderem-se lentamente da pele ou fita olfativa. Na sequência desta estação serão mostradas as principais notas olfativas de cada grupo e, aqui neste tema, são apresentados apenas alguns exemplos cujos cheiros são mais familiares a todos, para estimular a memória olfativa de cada viajante e a percepção da volatilidade dessas notas.

As notas de saída, em algumas bibliografias, são chamadas de "notas de topo" ou "cabeça". Elas dão frescor, leveza e vivacidade a um perfume e, por evaporarem mais rápido, são de menor fixação e isso é muito importante na hora de avaliar um perfume. Normalmente, essas notas são cítricas, como limão, laranja e tangerina; verdes, como a menta e folhas de violeta, ou florais leves, como a lavanda. Com esses exemplos, pode-se perceber como é fácil sentir o cheiro de um limão quando espremido. Isso significa que suas moléculas são de rápida evaporação e no perfume também se desprendem rapidamente da composição. Podem ser sentidas pelo período de

5 a 15 minutos após a perfumação[44]. Essas notas evaporam-se em alguns minutos. Mais adiante, essa viagem pelo universo dos perfumes chegará ao mundo de muitas outras essências que formam esse grupo.

O segundo grupo é formado pelas notas de volatilidade intermediária, chamadas de "notas de corpo", "meio" ou "coração", porque formam a alma do perfume. São óleos essenciais com evaporação mais lenta, que dão personalidade à composição perfumística. Essas notas levam de 3 a 4 horas para evaporar[45]. São elas que desvendam a personalidade do perfume. Após percebidas as suas primeiras feições, com o "sorriso" das notas de saída, as notas de corpo ou coração demonstram mais a sua essência: sedutora, clássica, conservadora ou irreverente, por exemplo. São notas cheias de personalidade que enlaçam saída e fundo. Primeiro, misturando-se com a saída, e no decorrer da música mostram-se em harmonia com as notas densas de fundo.

As notas de corpo são aquelas que normalmente definem o gostar ou o não gostar de um perfume. É a que dá o tom da música. É sua parte principal que determina o estilo da "música". Nesse grupo estão algumas flores mais densas, como o jasmim e o lírio-do-vale, especiarias ou frutas, como o cravo e o pêssego, ou mesmo herbais, como o alecrim.

Nesses breves exemplos, pode-se lembrar do cheiro mais denso do pêssego quando comparado com o cheiro do limão, demonstrando como essas moléculas diferem quanto à volatilidade. As moléculas odoríferas do limão desprendem-se mais rapidamente de seu interior quando a fruta é cortada e rapidamente inalada e percebida pelos órgãos olfativos. Já as moléculas fragrantes do pêssego demoram mais a se desprenderem de sua polpa até serem sentidas após inspiradas.

---

44 e 45 MONTEIRO, Alfredo. Material didático do perfumista (www.vollmensfragrances.com.br)

Por fim, o terceiro grupo da formulação de um perfume é composto pelas essências mais densas de evaporação e difusão mais lenta. São as notas chamadas de "fundo" ou "base" do perfume. É o final da composição. São os "instrumentos" percebidos de forma mais destacada no encerramento da música que são difundidas na epiderme por terem um peso molecular alto.

Esse grupo da composição do perfume é o cheiro que fica na pele, sendo a razão de algumas pessoas dizerem que gostam de um perfume, mas não gostam daquele cheiro que permanece no final.

Essas notas representam as características mais intensas da personalidade do perfume, aquelas que são mais claramente percebidas após um período de tempo mais demorado, quando as notas de saída e de corpo já evaporaram.

Do grupo das notas de fundo fazem parte as madeiras, como o sândalo ou o cedro, as animálicas, como os citados âmbar e civete, e algumas especiarias densas, como a mirra.

Aqui pode-se recorrer novamente à memória olfativa e comparar a volatilidade do cheiro sentido ao se cortar um limão, ao morder um pêssego e, ainda, ao abrir uma gaveta de madeira de uma escrivaninha antiga. O limão tem sua explosão de moléculas evaporando e, rapidamente, se fazendo sentir. O pêssego já exige que o nariz se aproxime para senti-lo se desprendendo e, por fim, a madeira, que solicita que haja um pouco de atenção para a percepção de suas moléculas olfativas.

Dessa forma, os grupos, divididos por sua volatilidade, possibilitam a formulação da composição do perfume de maneira coerente e agradável ao olfato. Normalmente, as notas de saída representam 10% a 20% do total da fórmula, as notas de corpo, cerca de 40%, e as notas de fundo, de 40% a 50%. Esta regra não é rígida, permitindo ao perfumista elaborar porcentagens mais variadas de acordo com a característica que deseja dar à sua criação[46].

Para comunicar de maneira didática a forma da composição de um perfume, foi criada a representação gráfica através das famosas pirâmides olfativas que são publicadas nas descrições dos perfumes.

CABEÇA
Notas de saída
Duração de 5 a 10 minutos

CORAÇÃO
Notas de corpo
Duração de 2 a 6 horas

BASE
Notas de fundo
Duração de até 8 horas

No topo, ocupando um espaço de mais ou menos 10% da pirâmide, são apresentadas as notas mais voláteis da fórmula, as notas de saída, que serão as primeiras a evaporar e se mostram mais intensamente quando o perfume é projetado.

No centro da pirâmide, as notas de corpo, meio ou coração. Elas formam a alma do perfume que, como foi dito, integram cerca de 40% do total e, por fim, as notas de maior fixação que poderão ser sentidas ainda na pele horas depois do perfume ser passado ou até mesmo no dia seguinte, compondo 40% a 50% do total.

Os óleos essenciais de longa duração são aqueles que ajudam um perfume a permanecer na pele, pois, por serem densos, têm evaporação mais demorada, permanecendo perceptível ao olfato por muito mais tempo.

Essa composição forma a fragrância do perfume, criada por um conjunto de óleos essenciais. Assim como é possível compor uma música com o uso de poucos instrumentos e com arranjos musicais mais sim-

---

46 MONTEIRO, Alfredo. Material de apoio - aulas de perfumaria. Perfumista Vollmens Fragrances - Instituto do Perfume. São Paulo, 2015. (www.vollmensfragrances.com.br)

ples, ou uma música com harmonização complexa entre centenas de instrumentos diferentes, como em uma orquestra, na composição do perfume existem fórmulas extremamente simples, como defendem algumas perfumarias de nicho, ou muito complexas com mais de duas centenas de ingredientes evoluindo em perfeita harmonia.

Após conhecer um pouco sobre as matérias-primas do perfume, pode-se avançar e descobrir como elas podem ser combinadas entre si.

PALETA DE PERFUMISTA - COMPREENDE AS MATÉRIAS--PRIMAS DOS PERFUMES

Todas as estações anteriores possibilitaram a chegada a esta última etapa da viagem ao mundo da perfumaria. Agora cada viajante vai poder começar sua trajetória para se tornar um consumidor especialista: **um *parfum prosumer*.**

Após o conhecimento anterior a respeito dos óleos essenciais, matéria-prima da composição das fragrâncias, suas formas de extração e especialmente sobre a característica da volatilidade de cada um, que os separa em grupos de notas de saída, corpo e fundo, pode-se evoluir nesse conhecimento sobre as principais notas olfativas à disposição dos perfumistas e presentes em boa parte dos perfumes mais conhecidos e queridos por todos.

Como na música, um conjunto de notas forma um acorde, uma composição padrão de notas olfativas que perdem suas características isoladas para criarem, juntas, um conjunto com uma nova personalidade.

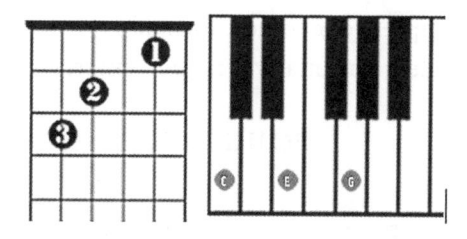

Acorde dó, em um violão e em um piano, composto pelas notas dó - mi - sol. Dois clássicos exemplos são o Chipre e o Fougère, acordes que ganharam importância a ponto de se tornarem famílias olfativas, como são chamados os grupos de perfumes conforme a classificação criada na França, citada anteriormente, que classifica os perfumes por seu perfil fragrante. Isso significa que, após a sua criação, um grande volume de outros lançamentos utilizou essa composição, com diversas variações, como, por exemplo, Chipre Frutal (quando o acorde Chipre é combinado com notas de frutas), combinação que será mais bem explorada na estação sobre o perfume – agora é importante compreender como é formado um acorde de notas olfativas na perfumaria[47].

FOUGÈRE

O primeiro acorde que ganhou destaque de família olfativa é o Fougère, um acorde tradicional da perfumaria francesa, com perfil intenso que explica seu uso, especialmente nos perfumes masculinos. Uma combinação de notas de lavanda, musgo de carvalho e cumarina, proporcionando uma sensação floral muito leve de saída com verde e madeira. O resultado olfativo é uma nota verde amadeirada.

ACORDE FOUGÈRE

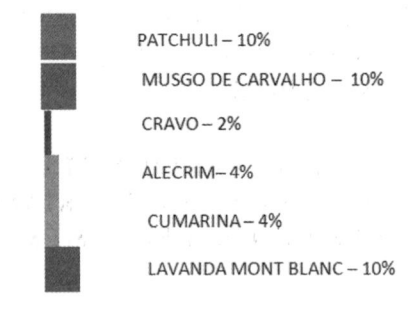

PATCHULI – 10%

MUSGO DE CARVALHO – 10%

CRAVO – 2%

ALECRIM – 4%

CUMARINA – 4%

LAVANDA MONT BLANC – 10%

E aqui começa mais uma visita ao passado distante com o lançamento do primeiro perfume Fougère, que deu nome ao acorde e a uma nova família, em 1882, citado anteriormente como marco histórico pelo uso inédito de elementos sintéticos na perfumaria[48].

---

47 MONTEIRO, Alfredo. Material de apoio - aulas de perfumaria. Perfumista Vollmens Fragrances - Instituto do Perfume. São Paulo. 2015 (www.vollmensfragrances.com.br)

48 *Larousse del perfume y las esencias*. Larousse Editorial S.A., Barcelona, 2000.

Esse acorde é caracterizado por matérias-primas sintetizadas em laboratório: o sintético da cumarina, que teve inspiração na extração da semente do cumaru, também chamada fava-tonca (tonka bean)[49], combinada com a leveza da lavanda e outros óleos cujo conjunto compõe um cheiro que remete a um amarrado de feno.

ACORDE CHIPRE[50]

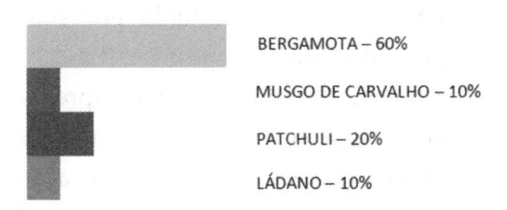

BERGAMOTA – 60%

MUSGO DE CARVALHO – 10%

PATCHULI – 20%

LÁDANO – 10%

O acorde Chipre é outro grande exemplo para se compreender o que é e como uma composição de notas forma um acorde.

Por isso, nossa viagem vai agora fazer uma visita ao ano de 1917, quando o Chipre surgiu pelas mãos de François Coty, que lançou o perfume Coty Chypre e conquistou grande sucesso[51].

O nome Chipre foi inspirado na ilha de Chipre[52], estrategicamente localizada a leste do Mediterrâneo, onde, na mitologia romana, nasceu Vênus, a deusa da beleza e do amor. Essa inspiração deu origem a uma composição que traduz a beleza, a feminilidade e a elegância da mulher.

O acorde, portanto, tem grande sinergia com a natureza da ilha de Chipre: a leveza da bergamota (fruta cítrica abundante em todas as imediações do mar Mediterrâneo); o musgo de carvalho (líquen que cresce em carvalhos, principalmente nos Bálcãs), que lembra a umidade típica

---

49 PAGANI, Dênis. Falando perfumês. São Paulo. 2013. (www.1nariz.com.br/2013/falando-perfumes/o-que-e-um--perfume-fougere)

50 MONTEIRO, Alfredo. Material de apoio - aulas de perfumaria, Perfumista Vollmens Fragrances - Instituto do Perfume. São Paulo, 2015 (www.vollmensfragrances.com.br)

51 *Larousse del perfume y las esencias*. Larousse Editorial S.A., Barcelona, 2000.

52 BARROS, Daniel. 303 perfumes para provar antes de morrer - Edição feminina. Editora Scortecci. São Paulo, 2015.

das madeiras próximas ao mar; e o ládano (a resina da planta esteva, que cresce na bacia do Mediterrâneo, especialmente em Creta e em Chipre).

O perfil olfativo desse lançamento foi utilizado por diversos perfumistas que fizeram outras criações com uma base semelhante, adicionando frutas ou mais notas amadeiradas para criar novos perfumes, mas sempre com um encanto misterioso desse acorde, definido, essencialmente, como uma composição com notas de bergamota e musgo de carvalho.

Ao juntar esses dois cheiros, pode-se entender a definição de acorde: quando duas notas se unem e perdem sua característica individual para compor uma nova característica fragrante. O toque cítrico da bergamota, combinado com o amadeirado do musgo e do patchuli, confere aos perfumes dessa família um tom misterioso que desperta certo ar de fascínio, unindo leveza e intensidade. Essa mistura é uma das razões que possibilitam sua utilização em composições tanto masculinas quanto femininas.

Após conhecer os conceitos de notas e acordes, é possível, nesta estação, conhecer também as demais famílias olfativas que classificam os perfumes conforme seus grupos olfativos, pois, assim como na música, uma composição é classificada em diversos estilos. Na perfumaria, um perfume pode ser classificado conforme o perfil determinado por suas notas predominantes.

É chegado o momento de compreender como os perfumes são organizados de uma forma que possibilita a comunicação e divulgação de suas características olfativas principais, como uma ferramenta indispensável para auxiliar o consumidor e o apreciador de perfumes.

Conhecer as matérias-primas e saber a nomenclatura dessa classificação é a forma como os amantes de perfume podem também comunicar seus gostos, opiniões e identificar, em um lançamento, os ingredientes que apreciam em uma pirâmide olfativa mesmo antes de sentir o cheiro do perfume.

Como comparação feita em relação ao paladar, é natural que cada pessoa consiga comunicar que gosta ou não de um determinado tempero, tipo de carne ou sabor, o mesmo pode acontecer na perfumaria: quanto melhor cada consumidor souber identificar e solicitar o perfil olfativo com o qual mais se identifica, melhor e mais proveitosa será sua experiência em uma perfumaria na hora de escolher uma fragrância para si ou para presentear.

PALETA DE PERFUMISTA - A CRIAÇÃO DO PERFUME

Como já citado em páginas anteriores, o perfumista tem à sua disposição mais de 3 mil ingredientes entre matérias-primas naturais, sintéticas e reproduções. As de origens naturais são encontradas nas mais variadas regiões, conforme características de cada uma. Como, por exemplo, a bergamota, um tipo de tangerina original da Itália (fruta); a rosa, da Bulgária (flor); o sândalo, da Índia (madeira); o patchuli, da Indonésia (madeira); e o vetiver, do Haiti[53].

Na formulação, como conhecimento já encontrado nesta viagem, cada nota é organizada na composição de um perfume conforme sua volatilidade.

A seguir, cada óleo essencial, entre os mais utilizados na composição de um perfume, está organizado em colunas: notas de saída, notas de corpo e notas de fundo.

PALETA DE PERFUMISTA - OS ÓLEOS ESSENCIAIS

Paleta é a forma aportuguesada da palavra francesa *palette*, que tem origem no inglês *pallet*. Todas têm o mesmo significado: uma plataforma de madeira, metal ou plástico utilizada para movimentação de cargas pelas

---

[53] MONTEIRO, Alfredo. Material de apoio - aulas de perfumaria. Perfumista Vollmens Fragrances - Instituto do Perfume. São Paulo, 2015. (www.vollmensfragrances.com.br)

lojas de varejo, armazéns e transportadoras. Deu origem ao uso genérico da palavra como uma base de madeira ou louça onde os profissionais colocam suas matérias-primas para as suas criações, como a paleta onde os artistas plásticos distribuem as tintas para trabalhar. No universo feminino, a palavra paleta é usada para nomear os estojos de maquiagem, com diversas cores de sombra e blush.

Na perfumaria, o termo *palette* de perfumista é usado para designar o conjunto de matérias-primas à disposição do perfumista na sua bancada para as suas criações.

Como se sabe, existem mais de 3 mil matérias-primas, entre naturais e sintéticas, à disposição na paleta dos perfumistas, e nesta etapa da quarta estação serão apresentadas as mais utilizadas e uma breve característica de cada uma, já posicionadas, em tabela, conforme seu uso quanto à volatilidade.

Agora, é preciso observar a tabela e os óleos essenciais pertencentes a cada grupo, separados por volatilidade, e perceber como os óleos de menor volatilidade, entre as notas de saída, são, especialmente, os óleos extraídos de matérias-primas mais robustas, mais densas, como madeiras e raízes.

PRINCIPAIS NOTAS OLFATIVAS

SAÍDA	CORPO	FUNDO
Óleos essenciais muito voláteis – **pouca tenacidade – duração de 5 a 15 minutos**	Óleos essenciais de densidade intermediária – **duração de 3 a 4 horas**	Óleos essenciais densos – **duração de 4 horas ou mais, podendo durar até 24 horas**
Amyl Acetate (frutal) – nota leve, com cheiro adocicado característico da banana, compõe muito bem em perfumes descontraídos para crianças e jovens	**Jasmim** (floral - flores brancas) – extraído das flores, apresenta cheiro "quente", característico das flores brancas, mais densas e encorpadas. Uma nota elegante usada em perfumes femininos e sofisticados	**Sândalo** (amadeirado) – cheiro típico de madeira encorpada, exalado ao abrir das gavetas de móveis antigos de grande qualidade, como velhas escrivaninhas e penteadeiras. Muito utilizado em perfumes masculinos, mas criações femininas modernas e intensas podem utilizá-lo
Eucalipto (fresco) – obtido pela destilação das folhas de sua árvore. Tem cheiro leve, fresco, muito usado para aliviar problemas respiratórios. Promove ao perfume uma saída fresca e agradável	**Lírio-do-vale** (floral - flores brancas) – nome popular da flor muguet, muito comum na França, onde é associada à prosperidade e felicidade. Tem um cheiro intenso característico das flores brancas de maior densidade. Perfil elegante e sofisticado	**Tabaco** (amadeirado) – cheiro característico do tabaco, terral, levemente floral, óleo obtido pela destilação das folhas e flores
Limão (cítrico) – cheiro semelhante ao da casca de limão, porém mais forte e concentrado	**Rosa** (floral) – cheiro característico, fortemente floral e um pouco doce. As mais utilizadas para extração de óleo essencial são cultivadas em Grasse (França) e na Bulgária. São necessárias 30 flores para se obter uma gota de seu óleo essencial	**Patchuli** (amadeirado) – óleo muito citado como afrodisíaco, foi muito utilizado nos perfumes da era hippie nos anos 1960. Obtido através da destilação das folhas secas. Cheiro terral, amadeirado, levemente frutal

SAÍDA	CORPO	FUNDO
Óleos essenciais muito voláteis – **pouca tenacidade – duração de 5 a 15 minutos**	Óleos essenciais de densidade intermediária – levam 3 a 4 horas para evaporar	Óleos essenciais densos – **podem levar até 24 horas para evaporar**
Lavanda (floral) – utilizada como saída ou corpo, quando mais intensa. Cheiro fresco, floral, herbal. Flor que marca a paisagem dos campos da Provence, região da cidade de Grasse, capital da perfumaria		**Vetiver** (amadeirado) – cheiro profundamente amadeirado, terral, herbal, semelhante ao sândalo, com um toque tabaco
Coentro (aromático) – cheiro doce e herbal, temperado e aromático, usado como saída ou corpo de uma fragrância		**Musgo de carvalho** (amadeirado) – é uma espécie de líquen que cresce nas árvores de carvalho. Tem um cheiro amadeirado úmido
Macela (floral) – tem origem na Europa Ocidental, cheiro semelhante ao das maçãs, leve e elegante, é um pouco floral e frutal	**Alecrim** (especiaria) – cheiro herbal, óleo obtido através da destilação das sementes. Cheiro levemente doce	**Baunilha** (oriental) – muito utilizada na culinária. É uma orquídea trepadeira, tem cheiro quente e doce
Bergamota (cítrico) – nome associado à sua origem em Bérgamo, na Itália, uma espécie de tangerina com cheiro cítrico, frutal, remetendo à laranja e limão	**Verbena** (herbal) – pequeno arbusto de folhas abundantes. Óleo obtido através da destilação de seus ramos. Historicamente ligada à magia e encantamentos. Tem cheiro semelhante ao do limão, porém mais sofisticado	**Mirra** (oriental/aromática) – usada desde a Antiguidade, a mirra era utilizada pelos egípcios para embalsamar os corpos. Tem um cheiro quente, balsâmico e amadeirado. Com propriedades revitalizantes, dá vida e intensidade aos perfumes

SAÍDA	CORPO	FUNDO
Laranja (cítrica) – uma das frutas mais consumidas em todo o mundo, cheiro cítrico, adocicado, lembrando a casca da laranja, porém mais concentrado	**Néroli** (flor de laranjeira) (floral/cítrico) – obtido por enfloragem da flor de laranjeira. Tem um cheiro floral, cítrico, levemente adocicado. Compõe muito bem perfumes tanto femininos quanto masculinos	**Musk** (almiscarado) – conhecido também como almíscar, tem sua origem natural nas glândulas do cervo almiscareiro. Uma nota elegante que dá certo ar de mistério ao perfume e potencializa as demais notas da formulação do perfume. Nota animálica
Mandarina (cítrica) – conhecida também como tangerina, tem cheiro cítrico, levemente doce e frutal	**Violeta** (floral) – óleo extraído por meio de solventes. Tem cheiro floral, levemente terral	**Civete** – originalmente obtido da glândula odorífera do gato selvagem, hoje sintético. Tem odor animálico intenso
Estragão (aromático) – erva que compõe o tempero conhecido como ervas de Provence. Tem um cheiro fresco e aromático, chamado de o pai dos condimentos, é utilizado na culinária em pratos de forte poder aromático	**Cardamomo** (especiaria) – tem um cheiro "quente", condimentado, amadeirado, floral e doce. Nativo da Ásia (Índia, Sri Lanka, Malásia e Sumatra), sua semente é usada como ingrediente para fazer o curry. Um cheiro bastante exótico, que acumula qualidades doce, balsâmica, picante e, por mais que pareça contraditório, tem algo de refrescante	**Âmbar** (ambarado) – atual componente sintético do original extraído do vômito da baleia cachalote, tem acentuado cheiro de maresia
Louro (aromático) – o loureiro tem origem mediterrânea e é cultivado em todo o mundo; utilizado na culinária, o louro dá um cheiro herbal, levemente canforado ao perfume	**Madressilva** (floral) – flor de planta trepadeira, original de matagais. Tem um cheiro floral suave, mas com toque semelhante ao jasmim. Por não ser possível a obtenção de seu óleo natural, a perfumaria usa o óleo sintético que reproduz o odor exalado pela flor, especialmente durante a noite	**Caramelo** (gourmet) – uma nota doce com cheiro de açúcar queimado, nota láctea, com cheiro de infância

SAÍDA	CORPO	FUNDO
Petitgrain (cítrico) – um tipo de laranja amarga, cujo óleo essencial não é extraído da prensagem da casca, mas da destilação das folhas frescas e pequenos ramos	**Aldeydos C8 C9 C11 C12** (aldeídico) – moléculas sintéticas tornaram-se referência de sofisticação pelo seu uso no primeiro perfume sintético e sofisticado, o Chanel n°5. Tem odor bem típico, um tanto "ardido", algo picante. Tem o poder de realçar as notas de um perfume e contribui como agente interligante ao corpo	**Olíbano** (amadeirado) – planta tradicional do Oriente. Tem cheiro amadeirado fresco, semelhante à cânfora, levemente apimentado e frutal. Acredita-se tratar da abreviação do nome: Óleo do Líbano. Matéria-prima utilizada na perfumaria desde a Antiguidade, obtida através da destilação da resina extraída de seu tronco
Gálbado (verde) – planta originária do Oriente Médio e oeste da Ásia, cultivada na Turquia, Irã, Líbano e Afeganistão. Sua resina é muito usada em incensos. Tem um cheiro fresco, balsâmico, amadeirado e levemente apimentado	**Cravo** (floral) – flor cultivada há mais de 2.000 anos. No sul da França é cultivado o cravo vermelho, mas por ser muito dispendiosa a sua extração natural, é, normalmente, utilizado de forma sintética, método que reproduz seu traço floral picante	**Chocolate** (gourmet) – nota doce, normalmente combinada com madeiras mais leves e outras notas gourmet, como baunilha e caramelo
Petitgrain do limoeiro (verde fresco) – extraído das folhas do limoeiro	**Pau-rosa** (amadeirado) – óleo essencial extraído da madeira da árvore, que ganhou fama por estar na composição do lendário Chanel n°5, fato que quase o levou à extinção. Exótico por ter um cheiro amadeirado com mesclas floral e frutal, hoje é utilizado em sua versão sintética	**Benjoim** (balsâmico) – árvore originária da Indochina. Seu óleo essencial é extraído da resina que escorre pelos cortes feitos na casca e parte exterior da madeira

SAÍDA	CORPO	FUNDO
Tangerina (cítrica) – cheiro similar ao da casca da tangerina natural, porém mais acentuado	**Ylang-ylang** (floral) – cheiro fresco e doce, levemente frutal e delicado. Natural de Madagascar, seu nome significa flores das flores	**Mogno** (amadeirado) – nota amadeirada aveludada, menos frequente, mas usada em perfumes elegantes
Anis (erva-doce) – originário do Mediterrâneo Oriental, cheiro característico do alcaçuz, levemente doce	**Canela** (aromática) – cheiro terral picante, levemente amadeirado. Utilizada na perfumaria desde a Antiguidade. Óleo obtido da destilação a vapor da casca	
Toranja (grapefruit) (cítrica) – cheiro similar ao do limão, mas mais adocicado e concentrado	**Cravo da índia** (especiaria) – origem no ovário do cálice das flores do cravo-da-índia, nativo do sudeste da Ásia. Especiaria tradicional na culinária asiática, dá ao perfume um traço quente e amadeirado, levemente acre	**Couro** (couro) – um dos ingredientes mais antigos da perfumaria, tem cheiro característico do couro, denso e defumado. Combina bem com Chipre e Fougère

CLASSIFICAÇÃO OLFATIVA

Objetivando organizar a criação perfumística, foi criada uma forma de classificação olfativa baseada na composição de cada perfume, ou seja, nas notas de saída, corpo e fundo de sua formulação.

A primeira classificação de família olfativa foi feita em 1983, na Comissão Técnica da Sociedade Francesa dos Perfumistas (Société Française des Parfumeurs), e foi sendo atualizada todos os anos, até que, devido ao surgimento de muitos novos perfumes, com novos acordes, em 1998 foi feita uma nova atualização com vários membros das primeiras comissões.

A nova classificação conta com sete famílias e 46 subfamílias, sendo que, originalmente, não existe divisão entre genealogia feminina e masculina, como utilizado por muitas empresas e comumente encontrado na literatura especializada.

COMO SE FAZ A CLASSIFICAÇÃO DE UM PERFUME POR FAMÍLIA?

Segundo o perfumista Alfredo Monteiro, em apresentação no Instituto do Perfume, "na classificação olfativa de uma fragrância o que deve prevalecer é o bom senso".

Classifica-se pela impressão predominante de cada perfume para determinar à qual família ele pertence, primeiramente por característica mais marcante, como a família principal, e, depois, aponta-se a subfamília, ou seja, uma característica olfativa secundária. Exemplo: floral – frutal mostra que o perfume tem como cheiro prioritário as notas florais na composição e, num segundo plano, frutas, indicando a combinação de notas de flores com óleos essenciais de frutas.

Há diversas formas de classificação internacional, conforme cada empresa fabricante. Aqui, será apresentada a referência clássica adotada pelo perfumista Alfredo Monteiro e pela especialista Sonia Corazza.

Nessa classificação, será esmiuçada a genealogia feminina, dividida em três grandes famílias: Floral, Oriental e Chipre. E terá suas notas combinadas com óleos essenciais de outras famílias, formando suas subfamílias.

Genealogia feminina
As classificações primárias e suas combinações são:

Família floral
A maior das famílias dentro da genealogia feminina, composta pelo grupo de óleos essenciais proveniente das mais diversas flores e métodos de extração, como lírio-do-vale, lavanda, jasmim, rosa e íris.

Subfamílias florais

Floral – Verde (herbal ou fresco)
Perfumes florais em sua essência, combinados com notas frescas verdes de óleos essenciais extraídos de folhas, gramas, caules ou vegetais frescos (incluindo aqui a frescura das notas de eucalipto). Essa combinação resulta em um perfume elegante, com um perfil capaz de conectar a memória olfativa ao que há de mais natural: um jardim com suas flores e folhas verdes. Os perfumes Tendre Poison, da Dior, e o Chanel 19 são clássicos dessa subfamília.

Exemplos de notas dessa subfamília: galbano e triplal (nota sintética – cheiro de grama cortada).

Floral – Frutal
Combinação utilizada na grande maioria dos perfumes femininos. Notas de flores combinadas com a alegria dos cheiros frutais. Uma composição de jardins em meio a um pomar, com suas frutas, tais como abacaxi, maracujá, manga. São fragrâncias que irradiam. Leves e um tanto adocicadas. Escape, de Calvin Klein, e Lauren, de Ralph Lauren, são bons exemplos de perfumes desta subfamília, assim como o J'Adore, de Christian Dior, um dos mais vendidos do mundo.

J'Adore – Classificado como floral-frutal, foi lançado em 1999. Suas notas de saída são: magnólia, melão, pêssego, pera, bergamota e tangerina; as notas de coração ou corpo são: tuberosa, ameixa, violeta, orquídea, frésia, jasmim, lírio-do-vale e rosa; já as notas de fundo são: almíscar, baunilha, cedro e amora.

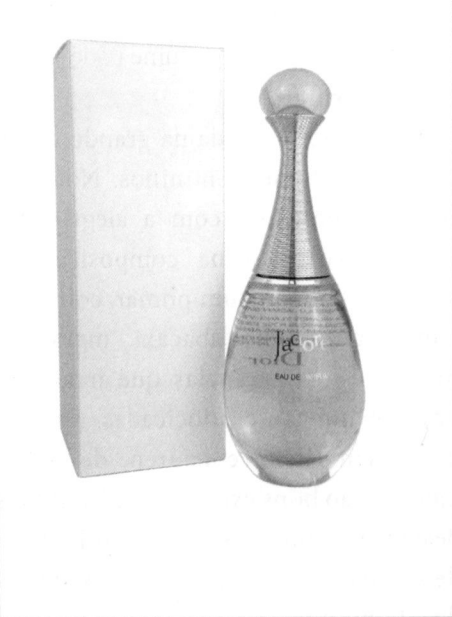

Floral - Floral

Fragrâncias caracterizadas, predominantemente, pela combinação de óleos florais de diversas volatilidades. Um perfume que promove a sensação de um verdadeiro buquê de flores. Amarige, de Givenchy, Muy, da Burberry, e Valentina, de Valentino, são exemplos dessa subfamília.

Floral – Aldeídico

Combinações de flores com notas sintéticas dão personalidade ao perfume. A nota aldeídica levanta um *buquê* ou acentua as notas de saída dando certa explosão ao perfume. O afamado Chanel nº 5, de Chanel, foi o primeiro perfume *premium* a utilizar essa combinação, tornando-se um clássico da perfumaria. Logo utilizada por Arpège, de Lanvin, e por muitos outros.

Em contraste com a busca pelo cheiro da natureza na perfumaria, em 1921, no *briefing* para a criação desse perfume, Gabrielle Chanel orientou:

"Eu quero dar às mulheres um perfume artificial. Sim, estou dizendo artificial, como um vestido, algo que precisa ser feito. Não quero uma rosa ou um lírio-do-vale, eu quero um perfume que seja uma composição."[54]

Ernest Beaux, um dos maiores perfumistas da época, ousando na aplicação de aldeídos – que têm o poder de acender uma composição atuando como agente interligado ao corpo –, criou o maior ícone da perfumaria. Chamado por muitos perfumistas de *Le Monstre* por parecer ter criado vida própria, persistiu por décadas como um dos maiores sucessos da perfumaria e que teve Marilyn Monroe como grande divulgadora.

Arpège, de Lanvin, e Mme Rochas, de Rochas, são outros exemplos de perfumes desta subfamília.

Floral – Doce/Floriental

Esta subfamília se caracteriza por composições florais combinadas a notas quentes, polvorosas e nuances orientais, como a baunilha. LouLou, de Cacharel, Poison, de Dior, e Allure, de Chanel, são representantes desta subfamília.

Subfamílias das próprias flores

Algumas flores, em classificações mais modernas, podem ganhar destaque de subfamílias, como quando um perfume tem um buquê floral com destaque para lavanda; pode ser chamado de floral – alavandado, ou se apresenta uma combinação marcante com flores brancas o perfume pode ser nomeado como floral – flores brancas.

Família oriental

Família olfativa composta por óleos essenciais característicos do Oriente, região onde nasceram os perfumes na Antiguidade. Fazem parte dessa família os óleos intensos, como mirra, incensos e especialmente a baunilha, que dá ao perfume oriental um cheiro adocicado.

Tem como subfamílias o Oriental Especiado e o Oriental Ambarado. Nesse caso, também algumas notas chamadas na genealogia clássica de oriental, como

---

54 MAZZEO, Tilar J. O segredo do Chanel nº 5: a história íntima do perfume mais famoso do mundo. Editora Rocco. Rio de Janeiro, 2011.

as especiarias, em nomenclaturas mais modernas são chamadas não pela origem oriental, mas pela característica de sua natureza: família ou subfamília das especiarias ou *spicy*.

Oriental Especiado (especiarias)

Quando a família dos orientais combina incensos, madeiras nobres, mirra ou baunilha com uma acentuação de notas de especiarias, como cravo, canela ou noz-moscada, destaca-se o uso das especiarias somando-as à família oriental. Coco Chanel e Dark Vanilla, de Coty, são ótimos exemplos desta subfamília.

Oriental Ambarado

Remete a uma composição sensual intensa com o uso de matérias-primas orientais, como a baunilha, madeiras preciosas, e incensos diferenciados, como o âmbar. Jean Paul Gaultier, de Jean-Paul Gaultier, Reval, de Calvin Klein, e Must, de Cartier, são Orientais Ambarados e traduzem toda a intensidade e calor dessa subfamília olfativa.

Família Chipre

Família derivada do uso do acorde Chipre, como apresentado no início desta estação sobre notas e acordes, composto pelos óleos essenciais da bergamota, patchuli e musgo de carvalho. O acorde Chipre é, portanto, um conjunto de notas olfativas que, juntas, fornecem uma saída cítrica, mas com evolução repleta de personalidade das folhas secas do patchuli e amadeiradas do musgo de carvalho. Como subfamílias, os perfumes Chipre, da genealogia feminina, podem ser classificados como frutal, amadeirado, animal, fresco, verde.

Chipre frutal

Adição de notas frutais que se harmonizam com o acorde Chipre, especialmente pêssego. A leveza do cítrico intensificado pela madeira e folhas secas é combinada à feminilidade adocicada da fruta. O clássico Chipre frutal é Miss Dior, que desde 1947 desperta paixões e representa a elegância feminina.

Chipre amadeirado

Perfumes que acentuam a característica intensa de folhas secas do patchuli e amadeirada do Chipre com notas de sândalo, cedro e vetiver. Chypre Caresse, de Givenchy, Rose de Cardin, de Pierre Cardin, e Paloma Picasso, de Paloma Picasso, são ótimos representantes desta subfamília.

Chipre animal

Subfamília com a combinação mais intensa. Uma versão mais pesada da família Chipre. Notas animais dão sensualidade e intensidade ao acorde. É a subfamília à qual pertence os perfumes Mystère, de Rochas, e Chaos, de Donna Karan.

Chipre fresco

Traz combinações mais leves do Chipre com notas frescas ou frutais leves. Ô de Lancôme, de Lancôme, Bvlgari Extrême, da Bvlgari, e o brasileiro Acqua Fresca, de O Boticário, são exemplos desta subfamília.

Chipre verde

Composição que acentua o lado mais leve do acorde Chipre, acrescentando a ele notas verdes em contraste com as folhas secas do patchuli. Clássicos dessa subfamília são Private Collection, de Estée Lauder, e New West for Her, de Aramis.

Genealogia masculina

Da mesma forma que a genealogia feminina, a masculina também se divide em três grandes famílias. Duas delas iguais às femininas: Chipre e Oriental. Mas a sua terceira família, em substituição à Floral, característica mais marcante dos perfumes femininos, é a família Fougère, do acorde característico dos perfumes masculinos.

Chipre

A família Chipre, na genealogia masculina, tem como subfamílias o Chipre amadeirado e o fresco, descritos na genealogia feminina e relembrados a seguir, e, ainda, as subfamílias Chipre couro e Chipre cítrico.

Chipre Amadeirado

Perfumes que acentuam a característica intensa de folhas secas do patchuli e amadeirada do Chipre com notas de sândalo, cedro e vetiver. Perfumes característicos desta subfamília: Fendi Uomo, de Fendi, e Black Jeans, de Versace.

Chipre Fresco

Combinações mais leves do Chipre com notas frescas ou frutais leves. Bons exemplos de perfumes masculinos nesta classificação são: Fahrenheit, de Dior, e Kenzo, de Kenzo.

Chipre Couro

Uma composição de notas que acrescentam ao acorde Chipre a sensação olfativa do couro. Exemplos de perfumes desta subfamília: os clássicos Aramis, de Aramis, Moschino, de Moschino, e L1, da Automobili Lamborghini.

Chipre Cítrico

Composição clássica da perfumaria, utilizada desde as antigas águas de colônia. Adiciona ao frescor da bergamota, do acorde Chipre, outras notas cítricas e leves, dando ainda mais frescor ao perfume.

Perfumes masculinos clássicos dessa subfamília são: Eau Sauvage, da Dior, Armani, de Giorgio Armani, e Hugo, de Hugo Boss.

Oriental

Combinação de notas com resinas, incenso e notas doces abaunilhadas ou, ainda, madeiras nobres. Tem como subfamílias o ambarado e o especiado.

Oriental ambarado – uma composição do adocicado oriental com o toque intenso e animal do âmbar. O perfume Zaad Amber, de O Boticário, é um exemplo.

Oriental especiado – combinação adocicada com toque temperado das especiarias. Um ótimo exemplo é o Fahrenheit Le Parfum, de Christian Dior, e Hugo Red, de Hugo Boss.

Fougère

Família olfativa criada em 1882, que ganhou destaque com o sucesso do acorde composto por notas de lavanda, musgo de carvalho e cumarina, proporcionando uma sensação floral muito leve de saída, com verde e madeira. O resultado olfativo é uma nota verde amadeirada como um amarrado de feno. Essa família da genealogia masculina também tem subfamílias. São elas: Fresco, Amadeirado e Ambarado.

Fougère Fresco

Combinação que acentua a característica de frescor do acorde Fougère com notas leves frutais e especiadas. Clássicos dessa subfamília: Polo Sport, de Ralph Lauren, e Azzaro, de Azzaro.

Fougère Amadeirado

Acentua o cheiro leve e verde da família Fougère com a maior densidade de notas amadeiradas. CK Be, de Calvin Klein, e o tradicional Paco Rabanne, de Paco Rabanne, são ótimos exemplos desta subfamília.

Fougère Ambarado

Aqui, o tom verde do Fougère ganha intensidade com característica exótica e de maresia do âmbar. Bons exemplos de perfumes desta subfamília são: Boss Elements Acqua, de Hugo Boss, Karl Lagerfeld for Him, de Karl Lagerfeld, e Diesel Plus Plus, da Diesel.

FAMÍLIAS OLFATIVAS UNISSEX E MODERNAS

A classificação apresentada é a forma clássica incluindo a genealogia masculina e feminina. Porém, com o descobrimento de novas moléculas olfativas e com o crescimento dos perfumes unissex ou compartilháveis e das quebras de paradigmas de gênero, é possível encontrar perfumes masculinos com flores e grandes variações dentro de novas tendências. Por essa razão, ao comprar um perfume, é possível encontrar uma classificação olfativa com destaque para componentes diversos dos apresentados no modelo clássico. Assim, esta viagem ao mundo do perfume não poderia deixar de conter uma passagem ao universo dos novos cheiros e suas famílias olfativas.

Além das fragrâncias unissex, também chamadas de compartilháveis, há outras variações dessa referência clássica que englobam as novas moléculas olfativas descobertas e já incorporadas na composição de grandes marcas da perfumaria e que não se enquadram nesses grupos, como as notas ozônicas ou de almíscar (musk) que se tornaram dominantes em muitos perfumes e orientam a inclusão de seus nomes na classificação – caso do perfume 212 de Carolina Herrera, classificado como floral amadeirado almiscarado, por conter um conjunto floral no corpo e as notas de madeira de sândalo e almíscar (molécula sintética) encontrada diversas vezes nesta viagem.

Dessa maneira, chega-se ao mundo moderno com as novas descobertas olfativas e novas notas dominantes nas criações unissex. Os termos aqui apresentados já foram incorporados nas mais diversas descrições de perfumes encontradas nos meios de comunicação e nas perfumarias.

CÍTRICAS
USADAS COMO NOTAS DE SAÍDA

As notas cítricas, até então citadas como subfamílias de Florais e Chipre, ganharam destaque de família olfativa por agradar tanto homens quanto mulheres. Notas leves, que dão frescor ao perfume, não dependem dos gostos dominantemente femininos pelos florais e masculinos pelos amadeirados. Notas de limão, bergamota ou laranja, por exemplo, criam perfumes agradáveis a ambos os sexos.

Segundo a especialista Sonia Corazza, podem ser classificados como cítricos os óleos essenciais de limão (diversos tipos), bergamota, tangerina (diversos tipos), laranja, lima-da-pérsia, petitgrain.

Vale relembrar aqui o lançamento do icônico CK One, que intensificou a presença das notas cítricas para criar a primeira fragrância Unissex, dando aos cítricos o destaque de família olfativa e transformando-a num clássico da perfumaria moderna.

É importante ressaltar que perfumes dessa família não têm como característica a longa duração, pois as notas mais voláteis – utilizadas como saída em menor proporção na formulação tradicional –, quando usadas de forma mais dominante criam um perfume leve e refrescante, porém com maior volatilidade e consequente baixa fixação.

Os cítricos têm como subfamílias os amadeirados, aromáticos, floral e especiados.

Aromática

Algumas classificações chamam de Aromática a família Fougère. Nesta etapa da viagem será adotada a linha classificatória utilizada por Sonia Corazza, uma das maiores referências neste tema, que descreve como aromáticos os perfumes que utilizam elementos típicos dos temperos da cozinha tradicional, como o cominho, a salsa, o louro e o orégano, conforme citados na tabela de óleos essenciais.

Sendo aroma o termo técnico relacionado ao paladar, opta-se por classificar como aromáticas as notas olfativas que tenham relação com temperos.

Aqui, vale destacar que os perfumes que utilizam notas obtidas dos temperos da cozinha tradicional normalmente são classificados como aromáticos. E aqueles que usam notas de temperos relacionados às especiarias trazidas do Oriente, como notas de cravo, cardamomo e canela, são classificados como especiarias.

Culinária – Gourmands e Gourmets

Novo termo que surgiu para classificar criações modernas que colocam como dominantes notas doces da culinária, como caramelo, chocolate, algodão-doce, marrom glacê, marmelada, marzipã, cupcake, doce de leite e açúcar queimado. São perfumes que vêm fazendo sucesso também entre os homens, como o A* Men, o primeiro perfume gourmand para homens do mestre criador de Angel, Thierry Mugler. Como uma versão masculina do próprio Angel, A*Men tem notas de patchuli com toque de mel e caramelo. O sucesso do perfume levou a marca a criar versões com toques de tabaco, uísque, pimenta e café.

Por serem criações bastante quentes e densas, como os orientais, os perfumes gourmets são indicados também para serem usados à noite.

Couro

Terminologia que também é destacada nas novas classificações, que colocam como dominantes as notas sintetizadas de couro, bastante densas, usadas como fundo nos perfumes, especialmente nos masculinos. Remetem ao cheiro do couro do animal. Transmitem elegância e masculinidade ao perfume.

Animais ou animálica

Essa família engloba os perfumes que têm predominância de notas de origem animal em sua base. Atualmente, todas são notas sintéticas. São elas: civete, âmbar, almíscar (musk) e castoreum. Têm como característica serem densas e capazes de dar intensidade e sensualidade às criações olfativas tanto femininas quanto masculinas, auxiliando na fixação do perfume.

Sobre essas notas, vale lembrar que nas classificações tradicionais há o destaque do nome da própria nota olfativa como subfamília, quando predominante em um perfume, como âmbar, que orienta a inclusão do termo ambarado, e o almíscar (musk), que adiciona à classificação do perfume o termo almiscarado. Porém, todas elas podem ser resumidas como animais ou animálicas.

Ozônicas/marinhas

Família criada para representar as recentes criações das notas sintéticas que buscaram reproduzir cheiros aquáticos, associados à liberdade e à natureza. Cheiros que lembram o mar, cachoeiras, maresia, água fresca, ar puro etc.

Esses perfumes são muito associados ao modo de vida livre, a quem busca viagens e esportes em meio à natureza, como trilhas.

Entre as matérias-primas dessa família estão a calone, nota com grande poder de difusão que proporciona um efeito de frescor e limpeza; ozonal, que sintetiza o cheiro de um campo de flores orvalhado ao amanhecer; algol, que remete ao cheiro de litoral, de mar, com toque bem aquoso; alginol, sintetização extraída de algas marinhas, que apresenta um potente frescor de maresia.

Bebidas / Bartender
Uma recente tendência, criada com os perfumes modernos, é a busca da reprodução dos cheiros de bebidas. Entre elas, o cheiro frutado seco do champanhe, ou o caramelizado doce da Coca-Cola, ou ainda de outras bebidas tradicionais do dia a dia, como o capuccino.

Especialmente para os homens, foram criados perfumes com toques de bebidas alcoólicas sofisticadas, como uísque e conhaque, acrescentando em suas fórmulas moléculas que caracterizam o perfil olfativo dessas bebidas.

Essas novas fragrâncias utilizam notas que auxiliam na composição do aroma das bebidas fortes masculinas destiladas e envelhecidas, como os barris de carvalho, cereais maltados ou elementos da composição de licores mais suaves que inspiram o uso de amêndoas e frutas que completam o charme desses perfumes.

Um exemplo é o perfume A* Men Pure Malt, de Thierry Mugler. Uma fragrância em homenagem ao tradicional uísque da Escócia. Essa inspiração resulta em um perfume elegante e sofisticado, capaz de expressar uma personalidade masculina e refinada.

Saponáceo (Soapy)
Perfumes que utilizam um conjunto de notas olfativas que buscam levar aos consumidores o prolongamento da sensação de banho tomado, que trabalham com moléculas cujos cheiros remetem aos sabonetes. Para isso utilizam notas que compõem quimicamente os itens de higiene pessoal com suas gorduras, óleos e bicarbonato de sódio (barrilha) usados em sua fabricação.

Talcado
Criações que possuem um cheiro per-

fumado seco, que faz lembrar o cheiro confortável e acolhedor dos talcos. Mais usado em fragrâncias femininas, pode ter perfil olfativo reforçado com a combinação de flores delicadas e levemente talcadas, como a violeta e a íris.

Terroso
Nomenclatura criada para caracterizar o perfume de cheiro seco e com forte vínculo com a natureza, remetendo ao barro, areia ou terra (seca ou molhada). O uso de algumas notas tradicionais, como vetiver, raízes, resinas e patchuli, por suas características olfativas, combina bem com esse perfil olfativo e pode, ainda, auxiliar nessa percepção.

Nesse caso, essa forma de classificação não remete a nenhuma novidade no mundo da perfumaria, muito pelo contrário; as notas olfativas classificadas como resinas e bálsamos fazem parte, muitas vezes, da história da perfumaria, o que leva alguns especialistas a classificar perfumes dessa natureza como orientais. Mas, por causa de suas particularidades aromáticas, muitos especialistas destacam as notas obtidas por resinas e bálsamos das demais notas orientais, nomeando esse grupo como Notas Balsâmicas, especialmente quando tem uma característica mais oleosa e grudenta típica das resinas com cheiro mais suave que os demais óleos orientais. Benjoim, Bálsamo do Peru, Bálsamo Tolue e o próprio Olíbano enquadram-se nessa percepção olfativa amadeirada, mas cujo óleo essencial torna-se mais suave por ser extraído da resina.

Ingredientes balsâmicos e resinosos, segundo a classificação da *Enciclopédia Fragrantica* usada por muitos perfumistas como fonte de pesquisa, incluem, além do incenso olíbano, a mirra e o alcatrão.

Perfumes com notas orientais podem ser nomeados como balsâmicos, especialmente quando não estão presentes em sua composição de forma dominante, mas para dar um toque mais quente à fragrância, como o Rose Goldea Bvlgari Feminino, perfume classificado como Floral Amadeirado Balsâmico, lançado em 2016, e que tem como notas de saída a romã, almíscar, rosa e bergamota; notas de coração, a rosa damascena, jasmim, peônia e pêssego; e notas de fundo, o almíscar, olíbano, sândalo e baunilha. Tal composição leva alguns especialistas a classificá-lo também como Floral Oriental Amadeirado, pela presença do sândalo e da baunilha.

Após essa etapa da quarta estação, com o conhecimento das notas olfativas que compõem os perfumes e suas classificações, é possível constatar a grande diversidade nas formas de classificação de um perfume.

Por esse motivo, é essencial saber analisar a pirâmide olfativa de um perfume, além da sua classificação dada por um determinado especialista ou pela própria marca do perfume.

CLASSIFICANDO O PERFUME QUANTO À SUA DILUIÇÃO

Ao criar um perfume, o perfumista elabora diversos ensaios. Depois que as melhores opções são definidas, as fórmulas são elaboradas e testadas em novas pesagens, dependendo do método de trabalho de cada equipe.

O concentrado de essências de um perfume, com suas notas de saída, corpo e fundo, encontra-se em seu formato puro, impossível de ser usado sobre a pele por sua grande intensidade. Será preciso, então, deixá-lo pronto para o uso através da diluição, que permitirá que a fragrância se espalhe por uma região mais ampla, reagido com a pele após a evaporação do diluidor.

A determinação da diluição da fórmula criada com os óleos essenciais é uma informação importante no *briefing* de orientação para criação de um perfume, conforme as características desejadas para seu uso, público-alvo e preço final desejado para o produto.

A diluição de um perfume é mais um fator que influencia na sua fixação, depois do perfil olfativo e porcentagem das notas de fundo constantes na fragrância.

Perfumes que duram mais são os que apresentam menor diluição, ou seja, têm maior quantidade do concentrado dos óleos essenciais por cada 100 ml.

O perfume pode ter alta ou baixa concentração de fragrâncias. Conforme essa porcentagem de fragrância, recebe uma nomenclatura global com certas variações da proporção de cada um, de uma bibliografia para outra e de um país para outro, especialmente devido à possibilidade de existência de leis locais que regulamentem a nomenclatura para cada porcentagem de diluição. A ausência de uma classificação mundial, com estabelecimento de uma nomenclatura única, justifica o grande volume de informações que podem confundir o consumidor de perfumes e mesmo atrapalhar a comparação de preços na hora da compra. É preciso compreender esse conceito e ter atenção.

A Société Française des Parfumeurs (Sociedade Francesa dos Perfumistas), responsável pela primeira classificação dos perfumes em famílias olfativas, orienta: extrato é o nome profissional de um produto mundialmente consagrado sob o nome de perfume. De uma maneira geral, em uma linha de produtos alcoólicos, o extrato é feito a partir da sua dissolução em álcool 96 volumes.

A concentração característica do extrato deve ser relativa quando comparada a outros produtos da sua própria linha. Assim, dois extratos de duas linhas diferentes podem ter concentrações diferentes.

Comparado a outros produtos da mesma linha, o extrato é o que deve ter a concentração mais elevada, o que determinará sua silagem (característica do perfume de deixar um rastro no ar, permanecendo no ambiente) e sua fixação.

Há produtos derivados de um extrato (*parfum*) conforme a diluição. Por exemplo, os mais diluídos que contêm a fragrância em maior porcentagem são chamados de *eau de parfum, eau de toilette, eau de cologne* (e outros nomes que cada "casa" de perfumaria utiliza). Essas nomenclaturas são empregadas em ordem decrescente, o extrato ou *parfum* deve ser sempre o de maior concentração, e os demais devem nomear os de menor concentração em ordem decrescente. Se determinada perfumaria estabelece como *parfum* o perfume que utiliza 20% de concentração de fragrância, sua *eau de parfum* deve ter uma concentração menor que 20% e, a versão *eau de toilette*, uma concentração menor ainda que a da *eau de parfum*, e assim sucessivamente. Um exemplo prático é o perfume Tommy Girl Feminino, que pode ser encontrado na versão *eau de toilette*, com maior concentração que sua versão de menor concentração, que é a Tommy Girl *eau de cologne*.

Como no caso anterior, na ausência de um extrato em uma linha de vários produtos, a Sociedade Francesa de Perfumistas orienta que seja usado como referência o produto de maior concentração. Segundo a própria Sociedade, as versões "Light", "Suaves", "Acqua" etc. estão se tornando cada vez mais disseminadas e são usadas, na maioria dos casos, para relançar uma linha já existente, como, por exemplo, o perfume Chance, da Chanel, uma *eau de parfum*, lançado em 2002, que, em 2007, ganhou uma versão mais leve, o Chance Eau Fraîche, na versão *eau de toilette*, com maior diluição que a versão *eau de parfum*.

Dessa forma, percebe-se que não há uma regra internacional rígida para a determinação da diluição de cada nomenclatura do perfume. De uma maneira geral, as escalas para a classificação do perfume quanto à concentração da fragrância variam de país para país, normalmente, pela existência de uma regulamentação ou, simplesmente, pela prática da indústria da perfumaria em determinado local.

Porém, conforme orientação da Sociedade Francesa de Perfumistas, todos partem do extrato (ou *parfum*) como o produto de maior concentração e seguem a nomenclatura em ordem decrescente, assim disposta:

Extrato ou *parfum* – para o de maior concentração.

Eau de Parfum – concentração entre *parfum* e *eau de toilette*.

Eau de Toilette – concentração *eau de toilette* e *eau de cologne*.

Eau de Cologne – concentração menor que *eau de toilette*.

Splash ou *Deo* colônias – referem-se às águas perfumadas de maior diluição entre todos os perfumes.

Como base para a definição da nomenclatura do perfume quanto à sua diluição, nesta viagem optou-se pelas porcentagens mais habitualmente praticadas no mercado, que se encontram em alinhamento com a classificação adotada pela publicação *Larousse del Perfume y las Esencias*, enciclopédia do perfume publicada pela tradicional editora francesa Larousse, fundada no século XIX[55]:

- **Extrato ou *parfum*** – quando apresenta de 15% a 30% de matérias-primas fragrantes. Porcentagem mais habitual na perfumaria de luxo genuíno, como em poucas marcas globalizadas e nas seletas casas de perfumes de nicho, que serão visitadas ao final desta estação.

Por essa razão, é a concentração mais difícil de ser encontrada no varejo de perfumes e, devido à forte presença da fragrância, é indicada para uso em países de clima frio.

Por utilizar maior quantidade de fragrância por 100 ml, seu preço é também bastante superior às versões do mesmo produto, com maior diluição. Como o perfume Coco Mademoiselle, da Chanel, que pode ser encontrado como *parfum* e *eau de parfum*, com o preço consideravelmente maior na versão mais concentrada.

É bom que se diga que uma maior concentração garante uma melhor fixação do perfume, torna o perfume mais pesado e denso. Ótimos exemplos de perfumes encontrados nesta concentração é o Chanel nº 5, e, entre os mais modernos, o unissex Voyage d' Hermès.

---

[55] *Larousse del perfume y las esencias*. Larousse Editorial S.A., Barcelona, 2000.

- *Eau de parfum* (EDP) – apresenta de 10% a 15% das matérias-primas fragrantes. A maioria dos bons perfumes femininos, tanto importados quanto nacionais, apresenta essa concentração por garantir uma boa durabilidade, mas seu preço ainda é alto. Entre os importados estão os clássicos Chanel nº 5 e Miss Dior e, entre os nacionais, Make B e My Lili, ambos de O Boticário. Os perfumes Coco Mademoiselle e o unissex da Maison Hermès, Voyage d´Hermès, também são encontrados como *eau de parfum*. Outro bom exemplo é o lançamento feminino de 2016, Eros Pour Femme, de Versace, perfume premiado como um dos melhores do mundo naquele ano. Os perfumes masculinos *eau de parfum* são menos frequentes porque a pele do homem geralmente é mais oleosa que a das mulheres, o que possibilita melhor fixação do perfume devido à evaporação mais lenta proporcionada pela qualidade de hidratação da pele. Outra característica que favorece a fixação dos perfumes masculinos é o uso, mais habitual e em maior quantidade, das fragrâncias masculinas de notas densas, como madeiras, acordes Fougère, notas Animálicas ou de Couro, contribuindo para uma boa fixação. Um bom exemplo de perfume masculino que pode ser encontrado na versão EDP é o Acqua di Giò. Um perfume aromático aquático, de formulação mais leve e, consequentemente, com notas mais voláteis, permitindo a busca de maior fixação através de uma concentração mais elevada da fragrância. Ainda para os homens, que preferem versões mais encorpadas com a intensidade do perfume *eau de parfum*, existem ótimas opções, como Bvlgari Men in Black, Polo Blue e Azzaro. E entre os nacionais, na versão EDP, pode-se comprar o Zaad, de O Boticário, disponível como masculino e também feminino.

- *Eau de toilette* – é um produto que apresenta de 5% a 10% das matérias-primas fragrantes. Uma composição mais leve que pode deixar uma fragrância densa, mas mais adequada para ser usada durante o dia. Como o perfume La Vie est Belle, de Lancôme, um floral frutado bastante intenso com notas de flores brancas, patchuli e açúcar caramelado, o que restringe seu uso nos dias mais frios e à noite. Na versão EDT, a fragrância mais diluída deixa um resultado final mais agradável e versátil. Maior diluição traz o benefício de tornar uma fragrância de primeira linha também mais acessível. Entre os bons exemplos de importados femininos encontrados na versão EDT estão Chanel Chance, Bvlgari Rose Essentielle e Miss Dior. Quanto aos importados masculinos, a grande maioria é encontrada na versão *eau de toilette*, como toda a linha Polo, de Ralph Lauren, o elegante Terre d' Hermés e o sucesso de vendas Paco Rabanne 1 Million. Além desses, há também disponíveis os compartilháveis, como o CK One, de Calvin Klein, e o Voyage d' Hermès.

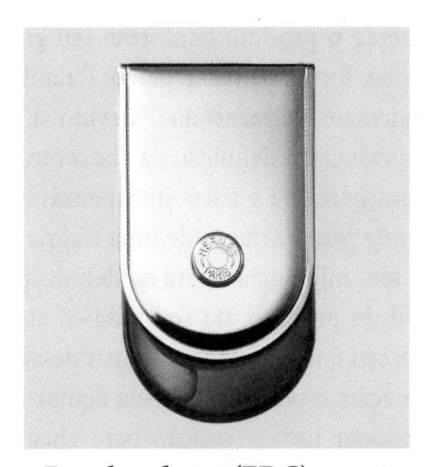

- ***Eau de cologne* (EDC)** – apresenta de 3% a 5% das matérias-primas fragrantes. Um perfume leve, ideal para manhãs e tardes quentes de verão. Ótimos exemplos, entre as marcas internacionais, encontram-se na linha das colônias compartilháveis da Casa Hermès, composta por criações marcadas pela expertise do perfumista Jean-Claude Ellena e qualidade Hermès, uma das grandes provas de que a concentração e duração de um perfume não têm relação com sua qualidade ou sofisticação. O Eau d' Orange Verte inaugurou a linha *eau de cologne* na coleção das Colônias de Hermès. Brilhante e revigorante.

- **Eau fraîche (água doce), deo colônia, splash ou body splash** – quando apresenta abaixo de 3% das matérias-primas fragrantes. As deo colônias são uma paixão dos brasileiros que preservam a forte cultura dos banhos de cheiros, que, além de tudo, representam um perfil de perfume extremamente adequado para os dias quentes de verão. Entre as opções internacionais com essa concentração, um bom exemplo é a fragrância leve e adocicada Vanilla Lace, da Victoria's Secret. No Brasil, a concentração *eau fraîche* é apresentada como deo colônia ou colônia para ser usada em todo o corpo. Um exemplo tradicional é a linha de deo colônias da Phebo, completamente modernizada e com novas fragrâncias, da Casa Granado. Também são bons exemplos a coleção Águas, da Natura, e as deo colônias Bromélia e Capim-limão, da L' Occitane au Brésil. Vale observar, para não se confundir, que a concentração dos perfumes Versace Man Eau Fraîche, um perfume aquático amadeirado masculino, e do Eau Fraîche de Christian Dior, um perfume cítrico feminino, apesar de se intitularem "água doce", ambos têm a concentração de *eau de toilette*.

Conforme a orientação da Sociedade Francesa de Perfumistas, a nomenclatura para a concentração de um perfume pode variar de uma marca para a outra, mas deve respeitar a ordem decrescente da concentração da versão *parfum* para as deo colônias.

A informação sobre a concentração de um perfume é fundamental para o consumidor, que poderá escolher mais adequadamente o produto conforme seu gosto, ocasião, forma de uso e preço. É também importante destacar que, devido à sua importância, a definição da concentração de um perfume é parte indispensável no *briefing* para a criação de uma fragrância, que tem influência direta na definição do perfil do produto, do seu público-alvo e do preço final desejado. A partir dessa informação, o perfumista e sua equipe irão direcionar toda a criação para chegar a uma fragrância adequada ao perfil olfativo desejado. E, é claro, para que tenha o custo de sua formulação compatível com o preço final planejado e que o produto chegue ao valor de mercado esperado pela perfumaria, que o colocará à disposição de seus clientes.

A chegada a esta etapa da estação principal desta viagem ajudará a desmistificar a relação entre duração e qualidade de um perfume. Tal conhecimento objetiva ajudar a compreender que a finalidade principal da concentração de essência utilizada nos perfumes tem relação com a ocasião em que se pretende usar o perfume e não necessariamente com sua qualidade.

Um aspecto importante, que merece ser destacado, é que a razão dos perfumes EDT e EDC custarem menos que os EDP ou *parfum* está diretamente relacionado à quantidade de essência utilizada em cada um e não necessariamente à qualidade das matérias-primas ou da sua formulação. Uma mostra disso é que, como exemplificado anteriormente, não raro, grandes marcas oferecem suas criações em diferentes concentrações. Por exemplo, um dos perfumes clássicos mais vendidos no mundo, o Chanel nº 5, pode ser encontrado na versão *parfum* e *eau de parfum*. A essência utilizada em ambos é exatamente a mesma em uma concentração menor, na versão EDP, gerando um perfume mais leve, com uso menos restrito aos dias mais frios e em ocasiões formais como é adequado para o perfume na versão *parfum*.

MITOS SOBRE A FIXAÇÃO DOS PERFUMES

1 - Não raramente, ouvem-se as frases: "Esse perfume não tem um fixador muito bom" ou "O perfume brasileiro não é bom porque o fixador dos importados é muito melhor". Após saber o que faz um perfume fixar mais que o outro, é possível quebrar esse grande mito:

Não existem substâncias que tenham a função exclusiva de fazer um perfume fixar na pele sem agregar características olfativas à sua composição.

Um perfume com maior poder de fixação utiliza óleos essenciais mais densos, de menor volatilidade, que influenciam fortemente em seu perfil olfativo e sofre grande influência também da quantidade do concentrado desses óleos diluídos para uso. Portanto, o que faz um perfume ter maior duração na pele é o perfil de sua composição olfativa, ou seja, a proporção mais alta de óleos essenciais mais densos, de evaporação mais lenta, usados como corpo ou fundo, e a proporção do uso da composição desses óleos utilizada na sua diluição, como visto anteriormente.

Se uma pessoa deseja que um perfume tenha uma fixação mais prolongada, será preciso escolher uma fragrância que tenha em seu corpo notas predominantemente mais encorpadas, especialmente as de fundo, as de madeira, animais e orientais, encontradas nas colunas "corpo" e "fundo" da tabela de óleos essenciais. Mas cuidado ao usar esses produtos: para os perfumes com óleos essenciais mais densos e com maior concentração, é preciso escolher dias mais frios e dar preferência ao uso noturno. Para dias quentes, o ideal é usar um perfume composto por óleos essenciais mais leves, como os verdes ou cítricos, para sentir-se leve e aproveitar melhor o dia. Leve pouca quantidade do produto na bolsa e repasse quando achar necessário. Dessa forma, homens e mulheres poderão marcar uma presença olfativa de forma adequada e elegante.

Dicas de uso e como se perfumar nas mais diversas ocasiões fazem parte do conhecimento prático a ser encontrado adiante.

2 - Este segundo tópico versará sobre o fato de não haver relação entre duração e qualidade de um perfume. Uma *eau de parfum* construída com uma intensidade desproporcional de notas de madeira poderá ser extremamente desagradável, mas certamente durará muito mais que uma *eau de cologne* floral cítrica assinada por um grande perfumista e produzida com óleos essenciais das melhores casas de fragrâncias do mundo. A própria regra da pirâmide olfativa, que distribui a composição das notas olfativas por suas características de volatilidade, orientando que 40% a 50% da fragrância seja composta por notas de fundo – que demoram mais a evaporar, portanto mantendo-se na pele por mais tempo –, já foi quebrada e, ainda, resultou em um grande sucesso da história da perfumaria.

Perfumes com perfil olfativo e concentração que não garantem fixação na pele podem não apenas ter altíssima qualidade, mas ainda figurar entre os melhores do mundo.

O ano de 1994 tem um clássico criado por Calvin Klein que se tornou um ícone da perfumaria, o CK One. Um sucesso absoluto. Com esse produto, Calvin Klein revolucionou a perfumaria lançando um perfume unissex e irreverente, com uma composição dinâmica e essências de alta qualidade, porém em sua maioria formada por notas de alta volatilidade, do grupo de notas de saída. Ou seja, quebrou brutalmente a porcentagem tradicional da pirâmide olfativa (10% – 20% de notas de saída, cerca de 40% e notas de fundo e 40% – 50% de notas de corpo), provando que perfume de qualidade não precisa, obrigatoriamente, durar muito, podendo ter acentuada a sua característica de frescor com uma maior porcentagem de notas de alta volatilidade, dando grande leveza à fragrância.

Composição do CK One

Notas de saída: bergamota, limão, mandarina, chá e notas verdes.

Notas de corpo: jasmim, rosa, lírio-do-vale e íris.

Notas de fundo: cedro, sândalo, musgo de carvalho e âmbar.

A pirâmide olfativa desse perfume seria visualmente mais parecida com essa sugestão abaixo do que com a tradicional porcentagem da pirâmide olfativa com a menor parte com as notas de saída no topo (10%).

CK One é um perfume criado para um mundo dinâmico, onde as pessoas podem optar por passar uma fragrância durante o dia e trocá-la no decorrer das horas. Ou até mesmo repassá-la para manter a sensação refrescante de suas notas leves, sem evoluir de forma muito marcante para as notas mais densas de coração e fundo, presentes em menor porcentagem na sua formulação.

Nessa criação icônica, o perfil jovem e irreverente foi coerente até mesmo no frasco escolhido: uma garrafa de vidro minimalista, sem válvula, o que permite passar o perfume em maiores quantidades, e que lembra as garrafas de bolso de bebidas alcoólicas. Dessa forma, a marca enfatizou a ideia de um perfume para levar "no bolso" e repassar, garantindo ter a sensação refrescante de sua fragrância sempre nas mãos, durante todo o dia.

Pirâmide olfativa:
- Notas de saída: bergamota, limão, mandarina e notas verdes
- Notas de corpo: jasmim, rosa, lírio-do-vale e íris
- Notas de fundo: cedro, sândalo, musgo de carvalho e âmbar

Outro paradigma quebrado por Calvin Klein com o CK One foi a estratégia de comunicação que usou para o lançamento do produto, trocando a associação das marcas de perfume *premium* (ambientes de luxo e celebridades) e super, e optando por mostrar grupos de jovens anônimos um tanto andróginos e em cenas do seu universo.

O resultado foi arrasador. Tornou-se um dos perfumes de maior sucesso no mundo, mais vendido nos Estados Unidos e em diversos países, com uma personalidade forte e brilhantemente elaborado.

No livro *The House of Klein*[56], Lisa Marsh conta que a escolha do nome CK One tinha o propósito de unificar e representar a juventude do começo dos anos 1990. Uma juventude além dos estereótipos de gênero, raça e papéis sociais. E, para provar que qualidade de um perfume não está baseada no longo tempo de sua fixação, CK One foi o primeiro perfume a ganhar o FF Awards (The Fragrance Foundation), o Oscar da perfumaria[57], em ambas as categorias,

---

56 MARSH, Lisa. The House of Klein: fashion, controversy and business obsession. Wiley & Sons, Inc. Hoboken. New Jersey, 2003.
57 ANJOS, Vanessa. HISTÓRIA CK One - A história de um clássico que mudou a perfumaria mundial! (www.sepha.com.br/blog/perfumes/ck-one)

Campanha de lançamento do CK One, em 1994. A ousadia de quebrar paradigmas na estrutura da composição do perfume foi apresentada com uma comunicação que rompia os padrões do perfume de qualidade como um produto elitizado e dirigido a gêneros específicos.

masculina e feminina. Essa fragrância simples e com conceito forte lançou tendência e se tornou um verdadeiro clássico, inspirando muitas outras fragrâncias, como o Acqua di Giò, de Giorgio Armani.

Não apenas na proporção de notas de saída, mas também quanto à concentração, o CK One reforça sua marca de leveza e pode ser encontrado apenas na versão EDT.

Para quebrar de vez o mito de que se não durar na pele o perfume não é bom, seguem alguns exemplos de grandes marcas disponíveis nas versões EDT e EDC e que são mais adequados para serem usados em dias de temperaturas mais elevadas ou em ocasiões mais informais:

Eau de Toilette
CH – feminino, de Carolina Herrera
Paco Rabanne 1 Million – masculino, de Paco Rabanne
212 Carolina Herrera – masculino, de Carolina Herrera
Acqua di Giò – masculino, de Giorgio Armani
Bvlgari Black – unissex, de Bvlgari

Eau de Cologne
Eau de Mandarine Ambrée – compartilhável, d' Hermès
Eau d' Orange Verte – compartilhável, d' Hermès
Dior Homme – masculino, de Christian Dior
Paco Rabanne 1 Million – masculino, de Paco Rabanne
Tommy – masculino, de Tommy Hilfiger

Usar um perfume que dure ou não é uma escolha pessoal. É preciso ser livre para pesquisar, sem preconceitos, entre os bons perfumes do mercado, pelas características da composição de seus óleos essenciais e escolher aquele que mais combina com cada personalidade, com o momento, clima e com a ocasião em que será usado.

O PRAZER DE PERFUMAR-SE

Para se tornar um *parfum prosumer*, o conhecimento fundamental está centralizado em compreender, pesquisar e criar uma memória olfativa para identificar ou ao menos perceber o perfil das fragrâncias e suas matérias-primas. Por essa razão, esse foi o foco do conhecimento encontrado nas quatro estações percorridas. Porém, o que faz do perfume um produto encantador é muito mais do que sua fragrância que penetra na alma das pessoas pela respiração, é todo um conjunto de percepções despertadas por todos os sentidos. É sua relação com a história da humanidade e com o olfato, com o sentido que melhor conecta o homem desenvolvido ao seu eu mais primitivo. Por isso, conhecer um perfume é mais do que sentir o cheiro de algo. É colocar todos os sentidos alinhados em um único prazer: o ato de se perfumar.

Primeiro, um frasco sobre uma prateleira atrai o olhar e torna irresistível a vontade de pegá-lo, senti-lo. Nas mãos, o tato desvenda seu peso, sua textura. É terno? Frio? Aveludado? Enquanto o olfato se prepara, a visão e o tato examinam a forma de extrair sua fragrância e desvendar seu conteúdo. As mãos encontram a válvula, e o som do borrifar atiça o olfato e coloca em alerta as memórias emocionais que aguardam, sem saber se serão encontradas. Mesmo que os fatos que as tenham gravado já tenham sido esquecidos, as emoções serão despertadas.

Nos poucos segundos em que tudo isso acontece, está criada a magia: as notas mais voláteis saem dançantes, agudas, despertando frescor e alegria. Elas penetram no cérebro, acordando as emoções guardadas ali.

O cheiro fresco de uma tarde de verão na praia pode ser uma primeira associação emocional com as notas cítricas. Muitas outras sensações, todas juntas, preparam o estado de espírito para desvendar a alma escondida nesse frasco que o tato observa através das mãos.

E é quando, ao inspirar mais intensamente a personalidade, seu coração é desvendado como um corpo desejado que se deixa observar no cair do lençol que o cobria.

As notas de densidade média penetram mais lentamente a respiração, dançando um balé, formando entre si uma escultura que não permite ser tocada, mas que toca e tem o poder de despertar o estado de espírito criado pelas histórias dos cheiros semelhantes àquele. O prazer de sentir o cheiro das flores do jasmineiro do quintal da casa do avô traz a sensação de segurança e ternura. O cheiro de cravo-da-índia pode inundar a alma com a alegria das noites frias das festas juninas. Mesmo que a razão não encontre suas imagens na memória, as emoções estão todas guardadas, esperando ser despertadas pelos cheiros escondidos.

Horas depois ainda desprendem-se as notas de fundo, num rastejar mais lento e denso, como as bases da música que estiveram o tempo todo dando o ritmo e a sustentação para os médios e agudos criarem a melodia. Assim sente-se a madeira, bálsamos ou resinas que tocam de forma intensa, como um abraço lento, que aumenta sua pressão quanto mais é inspirado.

Durante todo esse tempo, o paladar, conectado fisicamente com suas papilas gustativas, e em emoções e memórias, identifica o cheiro e sente saudade do sabor das frutas, dos açúcares, baunilhas, dos cítricos ou óleos que o olfato degusta através das moléculas dos cheiros.

E o frasco ainda parece perguntar: gostou?

Enquanto todo esse turbilhão de memórias sensoriais e emocionais deixa seu rastro, cada um pode dar seu veredito: amor ou horror.

Quando é amor, as mãos procuram novamente seu frasco querendo mais um pouco de todas essas sensações, o desejo de levar para casa para sentir todos os dias ou quando for um dia especial. Está completa a magia do amor a um perfume.

Por essa razão, compreender o universo da perfumaria é conhecer todos os elementos de um perfume que despertam os sentidos humanos no ato de perfumar-se. Assim, para se tornar um *Parfum prosumer* é preciso entender, também, sobre a importância dos frascos, válvulas e cartuchos na percepção e identificação do conceito da fragrância. É, ainda, encontrar nessas emoções sensoriais a identidade do gosto olfativo com as melhores memórias de sua própria história.

Por isso que nesta etapa será mostrado como o design, a escolha do perfil do frasco e as válvulas do produto influenciam no hábito e na forma de se perfumar e na escolha de um perfume.

A experiência de primeiro analisar um perfume com os olhos, pegar seu frasco nas mãos, sentir sua textura, peso e a forma como exige ser segurado para possibilitar seu uso formam um ritual, que desde o primeiro instante faz o perfume se comunicar com seus apreciadores emitindo mensagens que irão influenciar a opinião de cada um.

Ao entrar em uma perfumaria, o consumidor pode ser capaz de identificar os perfumes masculinos dos femininos. Porém, além desse aspecto físico entre os produtos, a embalagem de um perfume tem ainda o poder de preparar o consumidor para inspirar sua fragrância.

Como, por exemplo, o Cheap & Chic, perfume da irreverente marca de moda Moschino, responsável por figurinos de estrelas, como Madonna. Ele tem sua embalagem inspirada na personagem Olívia Palito, que comunica imediatamente uma imagem despojada e jovem, posicionada como uma fragrância para mulheres inteligentes, que sabem se divertir. É essa a ideia que comunica com seu design brincalhão e elegante, refletindo a personalidade de sua fragrância: um perfume floral amadeirado, composto por uma saída cítrica com bergamota da Calábria, peônia (uma nota floral tenra), rosa selvagem, jasmim, baunilha, orquídea branca, sândalo e almíscar. Uma saída fresca seguida por uma combinação de flores com personalidade bem feminina e um fundo encorpado com a força da madeira de sândalo e o toque sensual do almíscar. Mas, para dar o tom divertido e bem-humorado, como proposto, uma combinação "séria" ganha a nota doce da baunilha, que remete aos cheiros da infância, dos desenhos e momentos de diversão.

Nessa embalagem, o designer que a criou buscou uma identificação psicográfica com o consumidor, ou seja, com seu estilo de vida e personalidade divertida. Outra função da embalagem é seu poder de auxiliar na percepção da fragrância; para isso devem ser utilizadas as cores e a textura, como citado na segunda estação desta viagem (A influência dos demais sentidos na percepção do cheiro).

Um bom exemplo é o perfume Dolce, de Dolce & Gabbana, que tem um buquê floral composto, em sua maioria, por flores brancas: néroli, flor da papaia, narciso e vitória-régia, informação destacada em sua elegante tampa que convoca a visão a auxiliar o olfato na identificação dessas notas no seu conteúdo. E também o laço preto faz relação com o toque intenso da nota animal, de almíscar, no fundo.

Outra possibilidade sensorial a ser explorada na comunicação da construção da imagem de um perfume é o tato, além das características estruturais do frasco. Assim como o laço preto do perfume Dolce, o uso de texturas de tecidos e acabamentos gráficos pode reproduzir o toque seco típico das especiarias, o veludo das pétalas de flores, a rugosidade das cascas cítricas ou a aspereza das madeiras. Tudo isso são sensações que podem auxiliar o cérebro, como um guia, para despertar a percepção das notas contidas no frasco.

O tamanho é outra característica que pode comunicar o perfil do produto. Perfumes *parfum*, *eau de parfum* e *eau de toilette*, por terem maior concentração de fragrâncias tornam-se mais caros, inviabilizando o preço em embalagens de muitos mililitros. Por serem mais fortes, devem ser utilizados em menor quantidade, não justificando a compra de uma embalagem com maior volume. Por essa razão, embalagens de 30, 50 e até 100 mililitros são as mais encontradas para esse perfil de produto.

Já os perfumes *eau de cologne* e deo colônia são recomendados para uso em maior quantidade, como um "banho" de cheiro e a menor presença da fragrância na diluição do produto viabiliza sua compra em embalagem de maior volume.

Outra característica da embalagem que termina por comunicar o perfil do produto é o uso da válvula para borrifar o perfume. Normalmente, pelas mesmas razões da diferença no tamanho da embalagem, os perfumes *eau de cologne* e deo colônia não utilizam válvulas para facilitar que o perfume seja colocado nas mãos em forma de concha e passado no corpo todo.

Já os perfumes de maior concentração utilizam válvulas para borrifar a fragrância e garantir a projeção da quantidade ideal para a melhor evolução das suas notas olfativas sobre a pele.

Como se vê, os tipos de válvula também têm uma forte relação com o ato e prazer de perfumar-se.

Esse fato levou a empresa de sprays, ou, como tecnicamente chamadas, bombas dispensadoras de fragrâncias, a Aptar, a desenvolver um estudo intitulado "O perfume e o gesto". O estudo foi apresentado por sua vice-presidente de marketing, Elizabeth Salom, no II Congresso Internacional de Perfumaria, realizado nos dias 14 e 15 de setembro de 2016, no Senac Lapa, em São Paulo (SP), com organização do Instituto do Perfume, cujo conteúdo é de grande importância para que um consumidor torne-se um *Parfum prosumer*. O estudo foi realizado entre 2012 e 2014, em diferentes países, com usuários considerados *heavy users* de perfumes, aqueles que passam perfume pelo menos uma vez ao dia, todos os dias. O estudo apresenta os principais usos, frequência e hábitos relacionados ao consumo de perfume.

Gesto 1 – Convencional

Gesto 2 – Nuvem

O gesto chamado pelo estudo de "convencional" é o ato de borrifar o perfume a uma distância de 20 a 30 cm por diferentes partes do corpo. Na França e no Brasil, com esse gesto os homens aplicam as fragrâncias de forma rápida e eficiente. Já as mulheres, na França, Arábia Saudita, Coreia e Xangai, utilizam esse gesto para aplicar o perfume por diferentes partes do corpo. Para ser usado dessa forma, o perfume deve utilizar um spray de boa qualidade que garanta sua distribuição homogênea sobre a pele.

Outro gesto identificado no estudo, especialmente entre mulheres na França, Coreia e Xangai, é o de borrifar o perfume para o alto, formando uma nuvem de fragrância, seguido do movimento de dar um passo à frente para "entrar" na nuvem e deixar que o corpo seja envolvido pelo perfume. Para esse gesto, o ideal é um spray que possibilite uma dispersão fina e poderosa para que a fragrância fique pulverizada no ar e "abrace" suavemente o corpo.

Gesto 3 – Direcionado

Outro gesto usado de forma bastante generosa, identificado mais no Cantão e no Brasil, é uma abordagem mais "direcionada" em certos pontos do corpo. Para essa forma de perfumação, o ideal são fragrâncias que utilizam sprays suaves e discretos, que possibilitam maior direcionamento da fragrância. Porém, outros especialistas apontam que esse gesto pode atrapalhar a evolução do perfume, pois a proximidade do spray com o local da aplicação impede a correta difusão da fragrância e a consequente penetração na pele, atrapalhando a evolução e a duração do perfume ao longo dos dias.

Gesto 4 – Nebulizador glamoroso

Esse gesto é consequente do uso do tipo de spray inspirado nos perfumes antigos. É um gesto que agrega sensualidade e glamour na aplicação do perfume. O estudo da empresa Aptar apontou que o consumidor de perfume associa o gesto correto para a nebulização com esse perfil, semelhante aos filmes de cinema, mais feminino, estiloso e glamoroso. Um gesto que enriquece a experiência da perfumação.

Gesto 5 – A intimidade do toque

Esse gesto consiste na aplicação do perfume com as mãos, com a própria tampa ou com um aplicador especial que libera gotas ao tocar na pele. O perfume passado com as mãos foi um gesto eternizado pela imagem de Marilyn Monroe na divulgação do perfume Chanel nº 5.

Para valorizar ainda mais esse gesto, mais recentemente diversas marcas lançaram perfumes com tampas que permitem a aplicação direta do perfume sobre a pele através do toque, como o Jenipapo, da L'Occitane, e o Juicy Couture Rollerball Eau de Parfum, ambos em formato roll-on.

Dessa forma, a escolha de um perfume, com relação ao perfil de sua embalagem, irá determinar também o ritual gestual na sua aplicação, que fará parte da rotina diária de prazer ao perfumar-se.

Após a conquista de uma rica bagagem sobre a composição dos perfumes e sobre os seus componentes, a próxima etapa, a última antes da chegada à Maison Parfum Prosumer, será um passeio ao mercado da perfumaria. Histórias de reis e de grandes marcas mundiais auxiliarão na formação de consumidores especialistas, capazes de identificar as categorias entre os perfumes do mercado que vão do extremo luxo às fragrâncias de massa, possível graças ao desenvolvimento da tecnologia que democratizou o prazer de usar perfume.

ENTENDA O MERCADO DE PERFUMES

Para entender o mercado de perfumes é preciso fazer um breve passeio em alguns conceitos do próprio marketing. Considerar um perfume como de massa ou de luxo é uma questão relacionada ao que o marketing chama de posicionamento do produto e da marca, ou seja, o planejamento da forma como uma empresa ou seu produto deseja ser percebido pelo mercado com relação às suas características de valor, qualidade e preço.

É preciso que cada consumidor seja capaz de estabelecer o seu critério para compra de perfumes a fim de poder comparar, avaliar e escolher a melhor fragrância para seu uso pessoal ou para presentear.

Pesquisas indicam que no mercado de perfumes, de uma maneira geral, a marca tem grande influência na escolha do consumidor, porém suas características olfativas e outros valores, como exclusividade, identificação emocional com a proposta do produto ou custo-benefício, são critérios mais ou menos importantes para cada perfil de consumidor.

A questão é possibilitar que cada consumidor seja capaz de estabelecer o que é importante para si e conhecer os critérios de posicionamento dos perfumes para, dessa forma, encontrar aquele que melhor atenda, não apenas aos desejos relacionados ao perfil olfativo, mas também quanto ao valor da marca, preço e qualidade.

No universo pela escolha de marcas, as palavras luxo, *premium* e prestígio são adotadas como adjetivos mas não são sinônimas, pois estabelecem estratégias diferentes de posicionamento e existem conceitos que devem ser respeitados. Assim, um *parfum prosumer* precisa conhecê-los claramente, com o objetivo de identificar quem é quem no mercado e não comprar gato por lebre, pagando por cada um o preço justo.

Segundo o marketing, o produto de luxo deve ser posicionado como um produto de alta qualidade e preço alto, com inclusão de valores que conferem aos seus clientes a exclusividade e o status esperados. Assim, o posicionamento de um produto quanto à sua qualidade, seu preço e volume ofertado no mercado pode variar entre dois extremos: o mercado de luxo genuíno e o de massa. Mas, entre eles, encontram-se uma infinidade de categorias, nomes e "apelos" que podem confundir os consumidores até pela própria mensagem de cada marca em suas propagandas.

Todo perfume caro é um luxo? O que significa mercado de luxo na perfumaria?

O IMPÉRIO E O LUXO GENUÍNO[58]

Estamos em 1885, no império russo[59]. Nesse ano, a pujança da dinastia Romanov era marcada pelo seu crescente poder. Diante de tamanha bem-aventurança, Alexandre III, czar russo com características muito mais autocratas que seu pai, Alexandre II, decide presentear na Páscoa sua esposa, a imperatriz Maria Feodorovna, com uma joia em formato de ovo, encomendada ao joalheiro oficial do Império, Karl Fabergé. O ato iniciou a tradição de presentear membros da família imperial com ovos imperiais Fabergé, oferecidos na Páscoa, uma importante data religiosa para a igreja ortodoxa russa. A joia tinha aproximadamente 13 cm de altura, feita com metais preciosos e pedrarias, contendo, sempre, um detalhe surpresa em seu interior. Considerada uma obra-prima da joalheria mundial, levava mais de um ano para ser confeccionada.

Com apenas 58 unidades existentes no

---

58 SILVA, Luiz Alberto Melchert de C. – Material de Apoio com exemplificação - aula: O conceito do luxo – Instituto do Perfume. São Paulo, 2015.
59 MORAES, Rosana de. Luxo genuíno: a história dos verdadeiros ovos Fabergé. Administradores. com 2015. (http://www.administradores.com.br/artigos/marketing/luxo-genuino-a-historia-dos--verdadeiros-ovos-faberge/85151/)

mundo, os ovos Fabergé eram parte dos tesouros da família Romanov, que sobreviveram após a Revolução Russa, de 1917, que culminou com o assassinato de todos os membros da família do czar.

Com seus poucos exemplares guardados por colecionadores milionários, os ovos Fabergé sintetizam a essência dos objetos de luxo: a qualidade extrema, a exclusividade, consumo restrito e preço acessível a pouquíssimas pessoas[60]. Em 2007, um raro ovo Fabergé, que permaneceu com a poderosa família de banqueiros Rothschild por mais de cem anos, foi vendido em um leilão na Christie's de Londres por 9 milhões de libras.

---

[60] SILVA, Luiz Alberto Melchert de C. – Material de Apoio com exemplificação - aula: O conceito do luxo – Instituto do Perfume. São Paulo, 2015

POSICIONAMENTO

Após esse breve passeio histórico, é possível compreender o que de fato é o conceito de um produto de luxo. Segundo Susane Strehlau[61], doutora em marketing e especialista em luxo da Escola Superior de Propaganda e Marketing, "quanto mais caro e exclusivo for um produto, menor será a quantidade ofertada e oferecida. [...] Embora muitos usem a palavra luxo apenas como um adjetivo ou argumento de venda, existe um conceito a ser respeitado. Se as regras das estratégias do luxo não forem respeitadas, há risco de diluição da marca e migração para um nível de prestígio diferente, no decorrer do tempo".

Por isso, para se tornar um consumidor especialista em perfumes, é fundamental compreender os conceitos que orientam as categorias de produto quanto ao posicionamento das marcas no mercado para que seja possível comparar mar-

---

[61] STREHLAU, Suzane. Tendência é luxo ser menos ostentação e mais sensação (http://www1.folha.uol.com.br/mercado/2017/03/1867456-tendencia-e-luxo-ser-menos-ostentacao-e-mais-sensacao.shtml)

cas, qualidade, valores e vínculo emocional estabelecido por cada uma delas.

Michael Silverstein[62], especialista em comportamento do consumidor, do Boston Consulting Group, apresentou esses conceitos em entrevista a Viviana Alonso, publicada na revista *HSM*. Silverstein chama de "novo luxo" os produtos *premium* e *superpremium* que se diferenciam dos produtos de luxo tradicional especialmente por não ter compromisso com a exclusividade, com a produção em baixa escala e com a distribuição extremamente seletiva. São produtos de grande qualidade, comercializados em quantidades menores que os produtos padrões, como, por exemplo, automóveis que vendem algumas centenas de milhares em todo o mundo, em um ano, em vez dos milhões de unidades dos modelos populares ou as pouquíssimas unidades dos carros de luxo genuíno.

Outra diferença é que o luxo tradicional é dirigido a uma elite, enquanto o novo luxo não faz distinções pela renda e dá ênfase aos valores de pessoas com diferentes níveis de renda e estilos de vida.

Segundo o especialista, o "novo luxo" pode ser fracionado em até 30 segmentos, mas ele destaca três grandes categorias: **superpremium acessível** (*premium* e *superpremium*), **prestígio e masstige**, que serão descritas e exemplificadas adiante. A compreensão dessas categorias é essencial para se entender as opções de perfumes disponíveis no mercado.

OS PERFUMES E SEUS MERCADOS

Conhecidas as categorias de produtos e seus conceitos, será possível, agora, estabelecer quem é quem em meio à grande oferta de perfumes disponíveis on-line, nas perfumarias, farmácias, shoppings e lojas especializadas.

LUXO GENUÍNO

Um dos critérios que auxiliam na classificação do posicionamento de um per-

---

62 ALONSO, Viviana. A nova geração do luxo. HSM do Brasil, V. 10, n. 56, maio/jun. 2006.

fume é o canal de distribuição. Quanto mais elevado o padrão do produto e valor de seu posicionamento, mais seletiva ou exclusiva é sua distribuição. Porém, esse conceito vem sendo quebrado por algumas marcas de produtos de luxo que desenvolveram suas lojas on-line.

Perfumes de luxo genuíno são encontrados, prioritariamente, em lojas próprias da marca. O luxo genuíno, caracterizado pela máxima qualidade, preço e principalmente exclusividade, encontra um legítimo representante na perfumaria do segmento de nicho.

Os perfumes do mercado de luxo genuíno são claramente enquadrados em sua mais clássica definição: acessível a poucos e com qualidade e exclusividade extremas.

Existem três importantes perfis de produtos de luxo genuíno na perfumaria: perfumes personalizados, criações das casas de perfumaria de nicho e as criações das perfumarias tradicionais, que, mesmo presentes de forma globalizada, mantêm qualidade extrema, criação exclusiva e distribuição seletiva.

Perfumes personalizados

Uma prática tipicamente de luxo genuíno no mercado de perfumarias é a criação personalizada de perfumes. Algumas casas novas ou tradicionais na criação de fragrâncias, como nos primórdios da história da perfumaria, elaboram perfumes exclusivos e sob encomenda para seus clientes muito especiais, desenvolvendo fragrâncias únicas com matérias-primas da mais alta qualidade e embalagem personalizada. Um verdadeiro luxo destinado aos nobres na Antiguidade e acessível a poucos na atualidade.

As fragrâncias personalizadas mais luxuosas e preferidas de uma clientela exigente são produzidas por perfumistas de renome, bastante requisitados na Europa e Estados Unidos, como Joanne Bassett, Lyn Harris, Laurice Rahmen, os laboratórios L' Art Olfactif e Fueguia ou o francês Nicolas de Barry[63]. Nicolas de Barry,

---

63 Cresce segmento de perfumes personalizados no mundo todo, atraindo empresas que desenvolvem fragrâncias sob medida. Portal Terra (https://www.terra.com.br/noticias/dino/cresce-segmento-de-perfumes-personalizados-no-mundo-todo-atraindo-empresas-que-desenvolvem-fragrancias-sob-medida,d727d765b2875a8d630edbae319494c9iajnaw9k.html)

aliás, atende seus clientes hospedando-os no Castelo de Frileuse, que adquiriu no Vale do Loire (França), para dar-lhes a oportunidade de conhecer e experimentar as diferentes famílias de perfumes e óleos essenciais de suas fragrâncias 100% naturais. Já a francesa Laurice Rahme, radicada nos Estados Unidos, também customiza suas fragrâncias de acordo com cada cliente. Basta ir a uma das lojas da marca Bond nº 9, fundada por ela e com unidades em Nova York, Londres, Dubai, Rússia, Japão, Paris e Canadá, para conferir.

A criação de perfumes exclusivos, como nos tempos da realeza, representa o mais puro luxo genuíno na perfumaria e traz qualidade e exclusividade para a sua produção – quando se avalia a real necessidade de frascos personalizados produzidos com e como joias – e preço alto.

Perfumaria de nicho tradicional
Este é um segmento que prioriza a produção artesanal de perfumes com uso de matérias-primas de extrema qualidade, criações olfativas exclusivas e com forte personalidade. O luxo das perfumarias de nicho é marcado também pela baixíssima produção, embalagens diferenciadas e atendimento exclusivo. O fruto desse trabalho diferenciado pode ser encontrado em pouquíssimas lojas próprias no mundo.

Para entender melhor o segmento da perfumaria de nicho, mais uma vez é preciso recorrer aos conhecimentos de marketing. O nicho é considerado um pedaço de um segmento de mercado cujos consumidores têm características e necessidades que não estejam sendo plenamente atendidas pelas grandes empresas atuantes no segmento.

A busca de um nicho de mercado é uma estratégia normalmente utilizada por empresas de menor porte que não têm condições de competir com as grandes marcas que dominam um determinado segmento de mercado. O nicho normalmente não atrai concorrentes, o que confere a quem o atende uma característica de especialidade e fidelidade de seu grupo de clientes. Por essa razão, segundo Kotler, os clientes de nichos específicos concordam em pagar mais por produtos que atendam às suas necessidades de forma especializada. E não necessariamente a proposta inicial precisa estar associada ao luxo, mas o caráter de exclusividade, a produção artesanal e a alta qualidade com ingredientes diferenciados colocam os perfumes de nicho em um patamar de produtos de altíssima qualidade, também acessíveis a poucos.

Assim, marcas de perfumaria de nicho tornaram-se os grandes representantes do luxo genuíno em perfumes.

As perfumarias de nicho estão para o seu mercado de perfumes como a *haute-couture* (alta-costura) está para o setor de moda: conta com a elaboração de produtos com forte valor agregado, produzidos com matérias-primas raras e de altíssima qualidade em escala artesanal.

Outra forte característica da perfumaria de nicho, segundo destaca a especialista Simone Shitrit, é a existência de uma narrativa que demonstra a personalidade de seus perfumes, estabelecendo um vínculo emocional com seus clientes que se identificam com essa narrativa não apenas de forma emocional, mas também por justificar o perfil olfativo característico de cada um. A perfumaria de nicho atende, portanto, a um grupo de consumidores da perfumaria de luxo cujas necessidades não são plenamente satisfeitas pelos produtos oferecidos no mercado, mesmo os de luxo.

Simone Shtrit aponta que a perfumaria de nicho "aparece como uma alternativa para consumidores que procuram experiências olfativas inusitadas, criativas, ousadas e, acima de tudo, que oferecem uma nova forma de expressão da personalidade, através de narrativas originais, artísticas e culturais"[64].

A narrativa é a alma da perfumaria de nicho que vincula sua história às emoções do nicho escolhido para ser atendido: cultural, histórico, rebelde etc.

Essas características conferem à perfumaria de nicho seu caráter criativo que,

---

64 SHITRIT, Simone. Material de apoio das aulas de perfumaria de nicho, do curso O Perfume – Instituto do Perfume, 2015.

buscando grupos com outras necessidades olfativas, libertam os perfumistas da necessidade de criar sucessos que precisam ser aceitos pelas preferências olfativas mais comerciais, ou seja, que possam agradar a maioria das pessoas.

Por causa da possibilidade de criar novos padrões olfativos que atendam às necessidades de pequenos grupos que priorizam a exclusividade e a alta qualidade, dispostos a pagar um valor mais elevado por essa diferenciação, as criações das casas de perfumaria de nicho, na escolha das matérias-primas, não sofrem as limitações do orçamento. Com uma produção em baixíssima escala, também não se limitam às matérias-primas disponíveis em grandes quantidades, como os perfumes que atendem uma ampla parcela do mercado. Como, por exemplo, o óleo essencial Agarwood[65], ou simplesmente OUDH, que é um óleo destilado a partir da madeira de árvores como aquilaria e gyrinops, de caule resinoso, nativas do sudeste da Ásia e da Índia.

O óleo essencial OUDH só pode ser obtido em circunstâncias muito especiais: a partir do cerne da árvore madura que tenha sido infectada por um fungo específico, uma condição que eleva para décadas a possibilidade de ser extraído. Por essa razão, seu valor pode chegar a mais de US$ 20 mil o litro. Esse caráter de exclusividade e perfil olfativo incomum, marcado pela alteração causada no cheiro da madeira tradicional pela ação de um fungo específico, confere ao óleo essencial OUDH uma magia única, e o transforma em uma matéria-prima rara. E confere aos perfumes que a utilizam, como, por exemplo, a perfumaria de nicho de fragrâncias orientais, um valor histórico e emocional que justifica o despertar de paixões em nichos de consumidores que buscam uma experiência exclusiva, emocional e rara no uso de um perfume.

Na perfumaria de nicho, as embalagens e frascos são marcados por um design

---

65 TOP 20 ÓLEOS ESSENCIAIS MAIS CAROS DO MUNDO, (http://comapp.xyz/sade/ervas-e-leos-essenciais/6493-top-20-leos-essenciais-mais-caros-do-mundo-2.html-)

diferenciado e, não raramente, muito luxuoso, como pequenas joias ou, no mínimo, bastante criativos.

Segundo a especialista Simone Shitrit, as perfumarias de nicho podem ser classificadas quanto à sua narrativa, ou seja, a partir de um conceito, criado por seus fundadores e que justifica o perfil dos perfumes, os diferenciando das criações para mercados mais amplos.

Sendo assim, as perfumarias de nicho podem ser organizadas da seguinte maneira:
- com inspiração no extremo luxo;
- com inspiração na história do seu próprio criador;
- com inspiração na subversão ou em algo inusitado;
- com foco na cultura e na arte;
- com inspiração em algum legado histórico da perfumaria;
- com inspiração na própria marca dedicada ao mercado de nicho;
- com inspiração no uso de ingredientes naturais;
- com inspiração em um conceito único.

Perfumarias de nicho com foco no extremo luxo

São marcas de nicho que se destacam pela criação de perfumes exclusivos e de alto valor agregado. Destaque para Clive Christian e Creed.

CLIVE CHRISTIAN
(www.clivechristian.com)

Considerada uma das marcas de luxo genuíno da perfumaria, foi criada pelo designer inglês Clive Christian em 1999, ao adquirir a Perfumaria Crown, uma casa tradicional fundada em Londres em 1872. A casa tem como diretriz manter a tradição enquanto busca a perfeição. Em sua história, recebeu da própria rainha da Inglaterra a autorização para usar a coroa real como símbolo de sua qualidade.

O majestoso perfume nº 1 de Clive Christian é um exemplo de sua sofisticação, pois foi criado com os ingredientes mais raros e sofisticados do mundo. Em 2014 foi lançada uma edição especial, embalada em um frasco (30 ml) de cristal Baccarat decorado com arabescos de ouro 24 quilates e 2.000 diamantes incrustrados, que foi batizado de Nº 1 Passant Guardant. O produto foi vendido por US$ 228 mil, um recorde que está anotado no site do Guinness Book Of World Records.

O Nº 1 é uma fragrância oriental, marcada por acordes de âmbar e está disponível nas versões feminina e masculina. As notas de abertura combinam uma base cítrica, rica em bergamota, lima e mandarina siciliana, associada a finas especiarias, como noz--moscada, tomilho e cardamomo.

O Guinness Book Of World Records[66] também reconheceu o recorde mundial do perfume mais caro adquirido em uma venda privada, pelo príncipe Faisal bin Fahd Abdullah Al Saud, herdeiro da Arábia Saudita, em Londres, no dia 29 de outubro de 2006.

O valor do perfume Nº 1 masculino (em embalagem standard de 50 ml) era, em abril de 2017 (sem impostos e frete), de 450 euros.

CREED
(www.creedboutique.com)

A Creed foi fundada em Londres em 1760 por James Creed. Hoje está sediada em Paris e é dirigida por seu descendente direto, da sexta geração, o perfumista Olivier Creed.

66 Most expensive perfume: Clive Christian breaks Guinness World Records' (http://www.worldrecordacademy.com/business/most_expensive_perfume_Clive_Christian_breaks_Guinness_World_Records_record_214102.html)

É um clássico exemplo de marca de extremo luxo, mas também acumula uma forte narrativa de legado histórico. Isso porque tudo começou com uma encomenda feita pelo rei George III, depois de ele se encantar com um par de luvas perfumadas da loja Creed.

Sua história está fortemente ligada à corte europeia e é a casa de perfumes favorita da aristocracia britânica e da rainha Victoria (1819–1901), que concedeu à Creed o título de fornecedor da casa real.

A Creed mantém também os métodos de produção à mão, incluindo maceração e filtração, instituídos na fundação da empresa.

Outras perfumarias consideradas de nicho e com inspiração no extremo luxo são a Xerjoff, Puredistance e a Ormonde Jayne.

Perfumarias de nicho com foco na história do seu criador

Neste momento, é hora de mostrar a força da personalidade dos criadores para a valorização do perfume. São marcas de nicho construídas com base na expertise, personalidade, criatividade e paixão de alguns profissionais. Esta viagem chega, então, a um universo de histórias de beleza, força e determinação de personalidades e profissionais que expressaram suas vidas através de fragrâncias exclusivas que encantam por sua beleza, qualidade e sofisticação.

Annick Goutal
(www.annickgoutal.com)
A Annick Goutal é uma perfumaria de nicho que assina sua narrativa com o slogan "Uma artista guiada por sua paixão".

Munida de uma personalidade fascinante, a ex-pianista e modelo Annick Goutal trocou as passarelas pelos laboratórios. Em 1981, Annick abriu sua primeira loja na Rue de Bellechasse, em Paris, com uma atmosfera encantadora, íntima e sofisticada. Construindo pouco a pouco sua perfumaria pessoal, marcada pela paixão por matérias-primas que evocavam a beleza, Annick atraiu conhecedores e criou novos padrões.

Entre seus sucessos está uma de suas primeiras criações, o perfume Eau d'Hadrien, inspirado em uma paisagem toscana. Eau d'Hadrien é a expressão da profunda paixão de Annick Goutal pela Itália. Um perfume cítrico aromático com notas de cipreste, toranja, limão siciliano, cidra, tangerina, aldeídos e ylang ylang. Seu frasco é de cristal Baccarat e foi premiado com o FF Awards Hall Of Fame 2008.

Annick deixou um pequeno império centrado na butique da grife, situada na Rue de Castiglione, no coração de Paris, onde é comum a presença de clientes famosos, como Madonna, Nicole Kidman e Leonardo DiCaprio[67].

"Ao misturar essências, busco a harmonia das partituras", dizia Annick, que faleceu em 1999 vítima de câncer. Ela trabalhou até o fim, traduzindo em fragrân-

---

[67] ROSA, Ana Cristina. Essências são eternas. Revista *Época* 1 (http://revistaepoca.globo.com/Revista/Epoca/0,,EMI141865-15228,00-ESSENCIAS+SAO+ETERNAS.html)

cias, com a ajuda de seus perfumistas, sua visão mais bela do mundo.

Olivier Durbano
(www.olivierdurbano.com)
Arquiteto e designer de joias, Olivier Durbano nasceu em Cannes, na Côte d'Azur. Aos 5 anos, descobriu uma grande paixão: as pedras, sua fonte de inspiração. Olivier projetou seu mundo imaginário no poder das pedras, usando sua força e seu mistério para criar peças exclusivas.

A partir de 2005, abriu seu universo para o mundo das fragrâncias exclusivas, a perfumaria de nicho, marcada pela exclusividade e qualidade, como suas joias.

A coleção "Parfums de Pierres Poèmes", inspirada na lenda e no simbolismo do mineral, foi construída pedra a pedra, seguindo o ritmo da vida do artista. As enigmáticas criações se inspiraram, além dos mitos das pedras, também na magia do incenso, essências preciosas e elixires altamente apreciados.

As perfumarias de nicho, com foco em nomes de grande expressão em suas áreas, são um mundo fascinante e se traduzem nos perfis olfativos dessas personalidades. E aqueles que as consomem estão, de certa maneira, em alinhamento com seus criadores, com seus estilos de vida.

Sugestões para se aprofundar mais no conhecimento de casas com foco na personalidade ou história de seu fundador: Antônio Alessandria, Heeley, Yosh, Mona di Orio, Keiko Mecheri, Maison Kurkdjian, Jovoy Paris e Victoria Minya.

Perfumarias de nicho com foco na subversão ou em algo inusitado
Uma narrativa cujo tema proporciona ampla possibilidade criativa para elaboração de fragrâncias absolutamente fora do lugar comum. Neste tópico, serão contempladas as marcas de nicho que buscam quebrar paradigmas, conceitos que só poderão ser compreendidos após uma viagem pela história de algumas delas.

CB - I HATE PERFUME

Sob o slogan "Perfumes para pessoas que desejam cheirar algo diferente", essa casa de nicho tem uma abordagem totalmente nova, criada pelo inovador e premiado artista olfativo Christopher Brosius (CB).

Apesar do nome "pesado", a marca apresenta criações muito bem-humoradas, como quem protesta com as formas de "inspiração" da perfumaria tradicional: a natureza, o amor, o belo.

Com uma proposta criativa, CB cria o inusitado em perfume. Um exemplo, descrito na resenha do especialista Denis Pagani, é o perfume Mr. Hulot Holidays, inspirado no personagem de um dos filmes favoritos de Christopher, *Les vacances de Mr. Hulot,* de 1953, dirigido e protagonizado por Jacques Tati. Sr. Hulot é um personagem distraído, desastrado, mas simpático e adorável, que vai passar as férias no balneário francês de Saint-Marc-sur-Mer e causa grandes confusões por onde passa.

Segundo avaliação de Pagani, o perfume cheira a quase tudo que se encontra em uma praia: um fundo de protetor solar, algas e madeira curtida na água salgada e brisa do mar. O resultado é uma fragrância leve e fácil de usar, com um tom bem-humorado.

Juliette Has a Gun
(www.juliettehasagun.com)

A casa foi fundada em Paris por Romano Ricci, um perfumista que tem o perfume em seu DNA, já que é neto de Robert Ricci, o fundador do império de fragrâncias de Nina Ricci, que é sua bisavó. Não à toa, ele costuma dizer que a fábrica de perfumes foi o playground da sua infância.

Honrando a tradição da família, Romano ergueu seu próprio negócio. As primeiras criações da marca foram do perfumista Francis Kurkdjian e apresentavam uma narrativa bem-feita e uma proposta original, sempre focando na não massificação.

A inspiração do nome vem da personagem Julieta, de Shakespeare. Em entrevista ao site Fragrantica, que o apresenta como o mais promissor perfumista do século XXI, Romano explicou a razão da escolha do nome:"Trabalhando 10 anos no ramo, sempre pensei que a perfumaria moderna era meio tímida. (...) Eu queria oferecer às mulheres modernas um novo universo, perdido entre o romance e o desejo de independência. Juliette está armada porque afirma sua personalidade. Juliette representa a heroína romântica de Shakespeare. A "arma", no caso, é a sedução (...) o seu perfume, é claro"[68].

---

68 CARMEN, Michelyn. (https://www.fragrantica.com/news/He-Can-Leave-His-Hat-On-Exclusive-Interview-with-Romano-Ricci-Owner-and-Perfumer-for-Juliette-Has-a-Gun-1154.html)

Com esse apelo criativo, Romano tem completa liberdade pra traduzir, de forma olfativa, o que imagina como arma de sedução feminina para uma Julieta moderna e atual.

O universo da perfumaria de nicho, com foco na subversão ou em algo inusitado, oferece amplas opções para a perfumaria exclusiva e criativa. Outros ótimos exemplos podem ser pesquisados nos sites das marcas: État Libre d' Orange, S-Perfume, Blood Concept, A Lab on Fire e Nasomatto.

Perfumarias de nicho com foco na cultura e na arte

Neste tópico, serão exploradas as amplas possibilidades para criações elegantes e repletas de valor emocional para seus consumidores, agregando a imagem de lugares, fatos ou períodos históricos da humanidade ou das próprias essências interpretadas em fragrâncias exclusivas.

Histoires de Parfums
(www.histoiresdeparfums.com)

Perfumes em formato de livros, numa estante cujos cheiros contam fatos históricos, lugares e épocas. Uma perfumoteca com a qualidade da mais alta "literatura histórica" em fragrâncias. Assim é a Histoires de Parfums, uma casa fundada em 2000, em Paris, com a proposta de oferecer uma biblioteca olfativa que conta histórias sobre personagens famosos, matérias-primas e anos míticos.

A coleção criada por Gérald Ghislain tem como regra única a inspiração. Busca valorizar o *know-how* francês na arte da perfumaria em suas características originais: luxo, nobreza e criatividade.

Com grande cuidado na qualidade das matérias-primas e na escolha de seus frascos, assim como nos livros, Histoires de Parfums busca evocar histórias com emoção através do perfume.

Uma de suas coleções é formada por perfumes datados, como 1725, 1804, 1828 e 1876. São anos de nascimento de pessoas célebres, como Mata Hari (1876), ou que marcaram época ou um lugar icônico, como o 1889, ano de fundação do lendário Moulin Rouge.

O frasco marcado com o ano de 1725 é um perfume masculino inspirado no homem cujo nome simboliza a sedução: Giacomo Girolamo Casanova, célebre sedutor aventureiro nascido em Veneza, nesse ano. Para Casanova, a casa criou uma *eau de parfum* que convida a um intenso prazer. Como descreve a marca, traz toques de frescura com limão, elegância da lavanda e âmbar, misturando melodias arborizadas finas, calorado com especiarias inebriantes e colorido por frutas doces.

Outra linha apresenta inspiração em histórias de flores e plantas, como Blanc Violette e o Noir Patchuli.

Biehl parfumkunstwerke

A perfumaria de nicho alemã, fundada por Thorsten Biehl em 2006, é uma galeria de arte olfativa que oferece espaço a perfumistas ilustres para apresentar criações extraordinárias, com um conceito fortemente embasado na arte. Isso porque, para Biehl, perfume é arte.

A ideia de criar a casa foi proporcionar espaço para que artistas internacionais da fragrância apresentassem seus perfumes incomuns e exclusivos, vendidos em embalagem minimalista e em edições limitadas. Propostas elaboradas com a criatividade e audácia que só a arte permite, sem considerar pesquisa de mercado, marketing ou a necessidade de garantir altas margens de lucro.

A primeira edição dos perfumes da Biehl parfumkunstwerke foi lançada em 2007. Suas bases são a qualidade e a exclusividade. São produtos indicados a pessoas que não desejam usar perfumes produzidos em massa. Oferece fragrâncias únicas, assinadas por alguns dos melhores perfumistas do mundo, como Arturetto Landi, Egon Oelkers, Geza Schoen, Henning Biehl, Mark Buxton e Patricia Choux.

As casas de nicho com foco na cultura e na arte proporcionam um verdadeiro passeio olfativo que reconta a história e a arte em cheiros repletos de emoções. Para quem gostou e deseja pesquisar mais opções, as sugestões são: Fueguia e Olfactive Studio.

Perfumarias com foco em um legado histórico

Marcas históricas, que por uma razão ou outra optaram por não "modernizar" suas fragrâncias ou não se renderam às facilidades dos meios de produção em massa para otimizar resultados, acabaram se tornando verdadeiros nichos de histórias preservadas em fragrâncias. Também as grandes marcas que fazem parte da memória de muitas pessoas são desse grupo. Por essa razão, alguns especialistas poderiam incluir nessa classificação a marca Creed, que faz parte do grupo de nicho de luxo extremo por seu caráter de grande exclusividade.

Uma das perfumarias que figuram nesse grupo é a Rancè, ligada à história da perfumaria da corte francesa.

Rancé
(www.rance1795.com)

Desde o início de 1600 a família Rancé tornou-se famosa por produzir luvas perfumadas para a aristocracia francesa em Grasse (França). Em 1795, François Rancé passou a dedicar-se exclusivamente à perfumaria. Seu espírito inovador levou-o a criar perfumes extremamente refinados e modernos para a época, o que lhe garantiu o status de perfumista favorito de Napoleão. Rancé criou para ele o "Le Vainqueur", "Triomphe" e "L' Eau de Austerlitz".

Em homenagem a Josephine Bonaparte ele criou "Impératrice", que apresentou à imperatriz em uma preciosa caixa de porcelana de Sèvres. O último exemplar desse precioso objeto da arte de porcelana é guardado nos arquivos de Rancé.

Várias gerações de Rancé se seguiram. No final dos anos 1800, Alexandre Rancé mudou-se para Milão, e hoje sua neta Jeanne Sandra Rancé, ao lado de seu filho Jean Maurice Alexandre Rancé, está à frente da casa, que mantém a mesma qualidade e os processos artesanais da sua fundação.

**Santa Maria Novella
(www.smnovella.it)**

Fundada pelos frades dominicanos em 1612, a casa mantém a tradição italiana em perfumaria. Santa Maria Novella tornou-se uma célebre instituição florentina, também ligada à realeza, clientela única no acesso ao luxo dos bons cheiros no século XVII.

Apesar de ter sido aberta ao público apenas em 1612, seu nascimento remonta a 1221, quando os frades dominicanos começaram a cultivar ervas para preparar bálsamos, pomadas e poções.

A casa abastecia Catarina de Médici com seus frascos de perfumes e recebia da família real o patrocínio para suas atividades. Catarina, por ocasião de seu casamento com Henrique II, na cidade francesa de Marselha, levou consigo diversos frascos do perfume especialmente criado para ela, o Eau de la Reine (água da rainha). Conta Gianluca Foà, gerente da casa, que Eau de la Reine foi o primeiro perfume célebre em toda a Europa a ser produzido com uma base de álcool.

Sem dúvida, Santa Maria Novella faz parte do patrimônio histórico da Itália e, é claro, da história da perfumaria. A visita a uma de suas lojas espalhadas pelo mundo é sempre uma viagem no tempo, e usar seus perfumes e sabonetes é participar de uma narrativa com todo o romantismo da história das águas italianas.

Casas de legados históricos na perfumaria encontram em seus clientes um nicho que valoriza os aspectos culturais que ligam seus produtos à própria história da perfumaria, criando um forte laço emocional. Outras casas desse tipo são a Penhaligon's (1870 - Reino Unido), Fragonard (1926 - França), Maître Parfumeur et Gantier (1988 - França), Lubin (1798 - Paris), Farmacia SS. Annunziata dal 1561 (1561 - Itália), Les Parfums de Rosine (1911 - França).

Perfumarias com foco em criações que pertencem a lojas de perfumes ou produtos exclusivos de nicho

Perfumes criados por lojas que se dedicam exclusivamente a nichos. Não são, necessariamente, casas de criação de perfumes, mas desenvolvem suas marcas dirigindo-as a nichos específicos. Um exemplo clássico é a famosa Aedes de Venustas, em Nova York.

AEDES DE VENUSTAS (www.aedes.com)

Aedes de Venustas é uma famosa loja de perfumes de nicho, inaugurada em 1995, em Nova York. Seu nome vem do latim *aedes*, que significa casa, e *venustas*, que significa elegante, é uma palavra relacionada a Vênus, a deusa mitológica da beleza[69].

---

69 VIEIRA, Domingos. Thesouro da lingua portugueza, Editores E Chardron e Bartholomeu H. de Moraes. Vol. 5. Porto, 1875.

Aedes Venustas foi também o nome escolhido para o primeiro perfume exclusivo da casa, criado pelo perfumista Bertrand Douchafour. É um Chipre frutado que utiliza notas pouco comuns, como ruibarbo, um tipo de hortaliça usada em receitas francesas, e folha de tomate. A composição abre com um aroma fresco e herbáceo de folha de tomate, maçã verde, frutas vermelhas e madressilva. Na sequência, são reveladas notas áridas de ruibarbo, vetiver, avelã e incenso. A amarga e seca nota de ruibarbo é o destaque desse perfume original e inusitado.

A casa faz uma perfumaria luxuosa, com certo ar de mistério e glamour. Para entrar nessa tradicional loja, que fica na West Village, é preciso tocar a campainha. Lá dentro, os clientes encontram à sua disposição mais de 40 marcas de nicho que não são encontradas em perfumarias comuns, com preços acima de US$ 200.

Os atendentes têm fama de não serem muito atenciosos, mas deixam os visitantes bem à vontade, são bastante entendidos no assunto e auxiliam na escolha de perfumes e velas aromáticas quando solicitados.

Outros perfumes de casas que trabalham nichos específicos para viajantes que desejam explorar mais o tema: MiN NY, Comme des Garçons, Aesop, Costes, Ladurée.

Perfumaria com foco no uso de ingredientes naturais

Desde o início desta viagem foi possível constatar a "luta" entre ingredientes naturais e sintéticos na perfumaria. Ambos têm pontos fortes e fracos, vantagens e desvantagens, e contam com defensores apaixonados.

Assim como é inegável que as notas sintéticas promovem um melhor acesso aos perfumes de qualidade, é certo que as notas naturais, por seus limites de produção, métodos de extração quase poéticos, como os cuidados na colheita de flores em suas plantações cheirosas e no seu armazenamento, conferem aos ingredientes naturais todos os elementos para se tornarem objetos de puro luxo tradicional: qualidade extrema e consumo conspícuo, pois os lógicos questionariam a razão de se usar algo tão caro, quando um sintético pode substituir com um custo mais baixo.

Com essas inegáveis características, foi quase inevitável esses ingredientes tornarem-se o foco de perfumarias de nicho, que, utilizando apenas óleos essenciais naturais, muitos de altíssimo valor pela escassez da matéria-prima na natureza e pelas dificuldades de produção ou raridade de sua oferta, chegaram a criações únicas e exclusivas cujo valor final só pode ser pago por aqueles que buscam exclusividade.

Com essa característica, perfumarias de nicho em todo o mundo encontram seus diferenciais, muitas vezes, na origem de suas criações.

Mandy Aftel
(www.aftelier.com)

Há mais de 30 anos a Mandy Aftel pesquisa elementos naturais e compõe coleções com óleos obtidos em diversas partes do mundo. Segundo ela, a busca dos óleos essenciais naturais para suas composições é um prazer tão grande quanto a criação dos perfumes. Mandy conta que chega a cheirar uma dúzia de versões de um determinado óleo para encontrar aquele que supera os demais. Além disso, algumas das essências que utiliza são antiguidades, como vinhos finos.

Todo o processo de fabricação é feito à mão, em pequenas quantidades, em seu atelier na Califórnia (EUA) e livre de sintéticos, parabenos, glicóis ou petroquímicos.

Rich Hippie
(www.rich-hippie.com)

A perfumista Nannette Pallrand é a fundadora da Rich Hippie – Hippie Rico, em português –, uma marca de fragrâncias naturais e orgânicas localizada na Califórnia.

Além do foco na produção artesanal, e somente com produtos naturais e orgânicos, suas criações são inspiradas na perfumaria francesa do início do século XX, antes da invasão dos sintéticos nas grandes criações, com preferência para uso de óleos essenciais raros e valorizados nesse período.

Com fragrâncias que utilizam matérias-primas de elevada qualidade e padrão, como rosa búlgara, patchuli das ilhas Sumatra e cítricos italianos, suas criações são oferecidas em frascos de 15 ml.

AL ZAHRA
(www.itsalzahra.com)

A Al Zahra é uma perfumaria de nicho brasileira com foco em produtos 100% naturais de origem árabe. Sua fundadora, Julia de Biase, pesquisa pessoalmente os óleos essenciais e fragrâncias em suas viagens ao Oriente, e leva para sua loja, no bairro Jardins, zona oeste da capital paulista, perfumes árabes exclusivos, e encomenda em Dubai as fragrâncias de suas coleções próprias.

Com perfumes que utilizam matérias-primas raras, como flores exóticas e o óleo essencial de OUDH – citado no início dessa estação sobre perfumes de luxo genuíno –, suas criações se destacam não apenas pelo uso desses ingredientes 100% naturais, que remetem ao nascimento da perfumaria oriental, mas também pelo uso de óleos associados a ritos religiosos que agregam às fragrâncias um grande valor cultural e histórico. Suas criações são, definitivamente, joias raras do Oriente.

Para ampliar pesquisas em casas de nicho com foco no uso de matérias-primas naturais, procure por Pacifica, Tsi-La, Rebel Intuitive Perfumerie, Strange Invisible Perfumes, Honoré des Prés (Olivia Giacobetti).

Perfumarias de nicho com foco em um conceito único

Algumas casas de perfumaria de nicho são destacadas pela criação de uma "filosofia própria", na qual seus fundadores baseiam suas criações. Essa filosofia fornece personalidade às suas marcas, orienta e, especialmente, justifica suas formulações. Nos exemplos desta estação é possível perceber o diferencial desses conceitos.

BYREDO
(www.byredo.eu)

Criado por um sueco, nascido de mãe índia e pai canadense, Ben Gorham cresceu entre Toronto, Nova York e Estocolmo. Apesar de formado na escola de arte de Estocolmo, a partir de um encontro casual com o perfumista Pierre Wulff ele descobriu que preferia criar perfumes a quadros. Com uma proposta única, revela, em frascos, as lembranças incomuns que herdou de seu pai, do local de seu nascimento e de sua mãe, numa viagem marcante.

Ben estabeleceu parcerias com perfumistas renomados, como Olivia Giacobetti (da Honoré des Prés) e Jerome Epinette, e a grande preocupação com a qualidade deu visibilidade à sua marca, vendida em mais de 20 países.

Outras perfumarias com o mesmo conceito são a Ego Facto e a Bond Nº 9.

Além das casas de nicho tradicionais, é preciso conhecer um novo perfil das perfumarias de nicho: casas tradicionais de nicho que foram recentemente adquiridas por grandes empresas do segmento.

PERFUMARIAS DE NICHO ADQUIRIDAS POR GRANDES MARCAS

Uma das estratégias de crescimento de grandes corporações é a aquisição ou fusão de empresas, especialmente aquelas que atuam em segmentos ou nichos de mercados atrativos em que essas grandes empresas ainda não atuem. Dessa forma, o forte crescimento de algumas casas de nicho, com foco no mercado de luxo genuíno, despertou a atenção de algumas gigantes do mercado, tornando-as atrativas para suas estratégias de crescimento. Objetivando manter as características originais da perfumaria de nicho, em boa parte dessas aquisições da totalidade ou fração da empresa mantém-se seus fundadores à frente do negócio, sob as regras e orientação estratégica do novo grupo.

Diante desse forte movimento, um dos maiores temores está relacionado a uma possível descaracterização do nicho tradicional, principalmente com relação à diminuição de seu caráter de exclusividade, produção artesanal e manutenção da altíssima qualidade. Isso descaracterizaria boa parte do segmento de perfumarias de nicho como um produto de luxo genuíno (exclusivo), passando para um perfil de novo luxo ou *superpremium* (limitado).

Segundo aponta Simone Shitrit, professora convidada do Instituto do Perfume e especialista em perfumaria de nicho, outro risco na ampliação do mercado de nicho, além das questões já relacionadas à entrada das gigantes no segmento de nicho, é o aparecimento de mais de 200 marcas novas no mercado durante as feiras do segmento. "Será que elas atendem às especificações originais da perfumaria de nicho? Será que dá tempo de fazer uma pesquisa para desenvolver esses produtos?", analisa Simone para a revista *Cosmética News*. A especialista acredita que a perfumaria de nicho precisa ter uma subdivisão. "Nicho, por definição, é um grupo determinado que quer exclusividade. As casas que estão fazendo projetos independentes do que está na moda, de matéria-prima e marketing, poderiam ser chamadas de independentes." Por isso, Simone é enfática ao afirmar que a perfumaria de nicho passa por uma fase de transformação e logo haverá discussão sobre o nicho e o pseudonicho. No futuro, ela acredita na possibilidade de desaparecimento da perfumaria de nicho nos moldes atuais. Aqueles que ainda entenderem a necessidade de um mercado para o exclusivo vão se destacar, e o chamarão por outro nome[70].

Outra questão que preocupa os especialistas e amantes da perfumaria de nicho é a quebra da sua característica de não fazer divulgação da marca ou de seus produtos, priorizando a qualidade e exclusividade gerada pelo boca a boca. Essas grandes empresas do segmento, sempre preocupadas com participação de mercado e ampliação de sua base de consumidores, possuem departamentos de marketing e comunicação fortemente aparelhados e prontos para garantir que o máximo possível de pessoas tenham conhecimento e desejem seus produtos. Será que elas manterão as marcas de nicho, recém-adquiridas ou criadas, como luxo genuíno? Ou as transformarão em *superpremium* e, portanto, mais acessíveis?

Será preciso conhecer, observar e aguardar.

Agora, esta viagem deverá seguir pelo mundo da perfumaria do novo nicho, ao mostrar o que essas perfumarias de nicho tinham de tão especial que despertaram os olhares e interesses das grandes empresas do setor.

Marcas adquiridas pela Estée Lauder (www.esteelauder.com)

A Estée Lauder é um dos impérios mais emblemáticos do mundo da beleza[71], nas-

---

70 RODRIGUES, Carol. Perfumaria de nicho: o potencial da exclusividade. *Cosmética News* (http://www.cusmaneditora.com.br/leitura.php?n=perfumaria-de-nicho-o-potencial-da--exclusividade&id=6955)

71 DIAS, Vanessa Vieira. Livro de História: Estée Lauder. Revista *Vogue* (http://www.vogue.pt/moda/detalhe/livro_de_historia_estee_lauder)

cida pelas mãos de sua fundadora, um verdadeiro mito nesse segmento, que faleceu em 2004 com mais de 90 anos.

Josephine Esther "Estée" Mentzer criou seu império em 1946, para "oferecer às mulheres a oportunidade de se sentirem belas". É autora de frases célebres, como "O produto vale por si e fala por si. Se tiver qualidade, ela é a sua melhor publicidade", sobre a razão de seu sucesso. "Nunca sonhei com o sucesso. Trabalhei por ele."

Essa personalidade mantém seu legado na figura de sua neta, Aerin Lauder, uma peça-chave da marca, responsável pela Estée Lauder Cos. E expandiu suas atividades com a marca Aerin em diversas categorias, incluindo sapatos e joias. Atualmente a Estée Lauder tem em seu portfólio uma enorme variedade de linhas de produtos de cuidados da pele, maquiagem e perfumes. Na perfumaria, oferece mais de 100 perfumes desde os produtos de massa até a sua linha de luxo. Segundo seus diretores, as aquisições de marcas de luxo genuíno objetivam construir a liderança da Estée Lauder nesse segmento.

Portanto, nesta viagem, torna-se impossível não dar uma espiadinha no perfil de algumas das mais fortes marcas de nicho que atraíram a atenção desse império emblemático no segmento de beleza.

Jo Malone
(www.jomalone.com.br)
Adquirida pela Estée Lauder em 1999.

A marca inglesa foi criada em 1994, com foco na figura de sua criadora, a britânica Jo Malone, proprietária de um instituto de beleza que, em 1991, começou a misturar óleos essenciais em sua cozinha e, um dia, presenteou uma de suas clientes com sua criação Bath Oil Nutmeg & Ginger (óleo de banho - noz-moscada e gengibre). A cliente adorou e encomendou 100 frascos para oferecer aos convidados de uma festa que estava preparando. Dos 100 convidados, 86 telefonaram para Jo Malone para fazer encomendas.

A partir do sucesso da linha de banho, Jo começou a fabricar perfumes sempre primando pela simplicidade de apenas uma ou poucas notas olfativas em contraste com os perfumes tradicionais com centenas de ingredientes.

Em1991, aconteceu o lançamento de Lime Basil & Mandarin (limão, manjericão e mandarina), perfume que se tornou o carro-chefe da empresa. Em 1994, inaugurou sua primeira loja e, quatro anos depois, aportou em New York e no ano seguinte já fazia parte do grupo Estée Lauder.

A ideia criativa da marca, mantida desde seu início, é a simplicidade aliada ao luxo da personalização. Jo Malone criou duas filosofias que norteiam suas criações: *fragrance combining* (onde a personalização orienta a combinação de perfumes da marca pelo cliente) e *scent surround* (a aromatização de ambientes por difusores elétricos ou velas perfumadas que se tornaram um grande sucesso da marca).

A personalização possibilita a flexibilidade no uso do perfume. Por exemplo, pode-se passar o perfume Red Roses (rosas vermelhas) combinando-o com o Lime Basil & Mandarim e, assim, compor o primeiro com o Orris Sandalwood (patchuli e sândalo).

Com uma proposta simples e elegante e embalagens luxuosas, Jo Malone tornou-se uma marca internacionalmente conhecida, sinônimo de luxo e sofisticação personalizada em perfumes, velas, óleos para banho e difusores de ambiente com perfumes *premium*.

Tal crescimento destacou a marca, tornando-a atrativa para essa grande empresa, que estava em busca de incrementar seu portfólio no segmento de nicho do luxo genuíno.

Segundo explica Céline Roux, diretora de perfumaria, "combinar aromas é a essência da Jo Malone London, por isso precisamos de fórmulas simples, com poucos e bons ingredientes, e certa transparência, para permitir que elas sejam misturadas. A ideia é brincar, criar e customizar"[72].

Ao ser adquirida pela Estée Lauder, Jo Malone manteve suas características de qualidade e diferenciação, mas afastou-se do nicho tradicional com a ampliação dos seus pontos de venda e comunicação.

Em 2016, a marca inaugurou duas lojas em São Paulo, a primeira no Shopping Iguatemi e a segunda no Shopping Pátio Higienópolis.

Le Labo
(www.lelabofragrances.com)
A Le Labo foi adquirida pela Estêe Lauder em outubro de 2014[73].

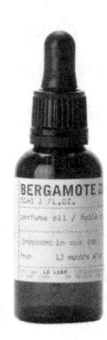

Essa perfumaria de nicho de Nova York tem foco em um conceito único, nos valores que seus fundadores, Edouard e Fabrice, defendem para a alta perfumaria: a criação livre, longe das linhas tediosas da produção massiva. No site da empresa, o texto *"About us"* (sobre nós) traduz um pouco essa filosofia, com alguns trechos marcantes[74]:

---

72 CERIDONO, Vitória. Com perfumes e velas Jo Malone chega ao Brasil. Revista Vogue (http://vogue.globo.com/beleza/noticia/2016/03/com-perfumes-e-velas-jo-malone-chega-ao-brasil.html)

73 The Estée Lauder Companies Inc. to Acquire Le Labo http://www.businesswire.com/news/home/20141015005244/en/Est%C3%A9e-Lauder-Companies-Acquire-Le-Labo.

74 Manifesto Le Labo Fragrances (https://www.lelabofragrances.com/about-us.html)

Nós acreditamos que existem muitos frascos de perfumes, mas poucas fragrâncias com alma [...]

Acreditamos que a perfumaria fina deve criar um choque, o choque do novo, combinado com o choque do intimamente familiar.

Acreditamos que perfumaria fina deve ser irreverente.

Nós acreditamos que é mais humano testar cosméticos em nova-iorquinos do que em animais [...]

Acreditamos que o futuro do luxo (consequente da perfumaria) encontra-se no artesanato.

Acreditamos no poder emocional das mãos: rosas escolhidas a dedo, velas preparadas artesanalmente, perfumes formulados pelas mãos de um artesão e acordos feitos com aperto de mãos.

Edouard e Fabrice têm como proposta a criação de perfumes com alma. Mais do que simples perfumaria, a casa é um local para explorar o olfato.

A forma que a Le Labo produz seus perfumes é como acontece numa farmácia de manipulação: o cliente faz o pedido e só depois o produto é fabricado, etiquetado e entregue. Na etiqueta é colocado o nome do perfume, a data de fabricação e o nome do comprador, personalizando o produto. Segundo seus fundadores, a fabricação após o ato do pedido é para que a fragrância seja entregue o mais fresco possível e que mantenha sua intensidade para provocar o "choque" inicial. O nome do perfume indica sempre a sua nota principal. Por exemplo, Bergamote, e o número ao lado, 22, indica a quantidade de ingredientes que o perfume possui.

Além de vender perfumes de uma forma incomum, a casa promove a educação dos consumidores através de materiais informativos e de workshops educativos para desenvolvimento do olfato.

Toda a produção é ecologicamente correta, com materiais recicláveis, e os frascos são reutilizáveis para que o consumidor possa adicionar novamente seu perfume predileto.

BY KILIAN
(www.bykilian.com)

A By Kilian foi adquirida pela Estée Lauder em fevereiro de 2016.

É uma perfumaria de nicho com foco no luxo extremo. Foi criada por Kilian Hennesy, herdeiro de uma longa linhagem de pioneiros no mercado de luxo. Ele é descendente de Richard Hennessy, fundador da empresa de mesmo nome, surgida em 1765 e que ficou conhecida pela célebre marca de conhaque Hennessy. Kilian é neto do fundador do grupo francês LVMH, formado pela fusão do grupo Moët et Chandon e Hennessy com o grupo Louis Vuitton, proprietário de marcas como Don Pérignon, Louis Vuitton, Loewe, Givenchy, Marc Jacobs, entre outros.

Kilian foi criado em meio às adegas de conhaque da família e honrou seu DNA no segmento de luxo ao trilhar o próprio caminho. Após se formar na universidade francesa de comunicação e jornalismo de CELSA, passou a treinar com os maiores narizes da perfumaria, como Alberto Morillas, Jaques Cavallier, Thierry Wasser e Calice Becker.

Em 2007, Kilian lançou sua própria marca baseada em seu DNA e em sua personalidade sofisticada, buscando a união perfeita entre elegância e luxo.

Kilian acrescentou uma visão moderna ao luxo, com o conceito *"eco-luxe"*. Além de sofisticados ao extremo, cada frasco pode ser recarregado e mantido por toda a vida. Esse conceito catapultou a marca para o topo do mercado de fragrâncias de nicho. Kilian acredita que o luxo não deve ser descartável.

Em 2016, com menos de 10 anos de história, a marca já era vendida em mais de 40 países em todo o mundo, principalmente na América do Norte, Europa e Oriente Médio, apenas em envolventes lojas independentes, em lojas de departamentos e perfumarias selecionadas.

Segundo declarou à época Fabrizio Freda, presidente e CEO da The Estée Lauder Companies Inc., "A Kilian construiu uma marca bela e suntuosa, que eleva a arte de criação de perfume com elegância e luxo incomparáveis. Essa aquisição dá à nossa empresa uma oportunidade estratégica para continuar a construir a nossa liderança em fragrâncias de alto luxo. Estamos muito animados para trabalhar em estreita colaboração com Kilian e toda a equipe By Kilian para continuar a fortalecer o sucesso incrível da marca".

Editions de Parfums

A empresa foi adquirida pela Estée Lauder em 2016.

"Elimine tudo o que é supérfluo ou meramente decorativo" - Frédéric Malle.

Desde sua fundação, em 2000, a Editions de Parfums tem o foco na figura de seu criador, Frédéric Malle, que criou um novo conceito de perfumaria sob o slogan "Liberdade criativa para os melhores perfumes do mundo".

Frédéric cresceu entre a França e os Estados Unidos, em uma família de artistas e profissionais da perfumaria. Seu avô foi o fundador da Christian Dior Perfumes, onde sua mãe trabalhou por toda a sua vida profissional. Como resultado, cresceu acreditando que perfume é uma arte que deve ser preservada. E, ao testemunhar o processo de massificação da perfumaria, decidiu criar um elo entre os maiores conhecedores do mercado e os melhores "narizes".

Essa ideia originou um novo conceito de negócios: o "editor de perfumes", cuja missão é lançar perfumes com direitos autorais, como uma editora de livros, que tem na figura do seu editor-chefe o conhecedor do mercado que orienta seus autores, os criadores e suas publicações sobre o que e como deve ser lançado.

Assim, Frédéric Malle oferece perfumes que consagram a criatividade, desenvolvidos pelos maiores perfumistas do mundo. Entre eles, Jean-Claude Ellena, Carlso Benain, Olivia Giacobetti, Maurice Roucel e outras estrelas da criação de perfumes.

Desde 2014, a Editions de Parfums faz parte do portfólio de produtos de luxo da Estée Lauder[75]." Foi o momento certo para integrar um grupo grande e expandir o negócio em um mercado que está se tornando cada vez mais competitivo", disse um porta-voz da Editions de Parfums.

Frédéric Malle continua como presidente e diretor criativo de sua empresa, com sede em Paris.

Puig

Empresa familiar e multinacional espanhola, fundada em 1914 em Barcelona e dona de grandes marcas da moda, tem em seu portfólio de fragrâncias os perfumes Carolina Herrera, Jean Paul Gaultier, Nina Ricci e Paco Rabanne. Essa gigante do mercado da moda e perfumaria, com fragrâncias entre as mais vendidas do mundo, também buscou o segmento de nicho para começar sua atuação no mercado de perfumes de luxo genuíno, adquirindo uma parte minoritária da EB Florals e as perfumarias de nicho Penhaligon's e L' Artisan Parfumeur, ambas com foco em um forte legado histórico descrito a seguir.

Penhaligon' s
(www.penhaligons.com)
Adquirida em 2015.

---

[75] Estée Lauder rachète le parfumeur français Frédéric Malle. Agência Reuters (http://fr.reuters.com/article/frEuroRpt/idFRL6N0SX52620141107)

Fundada em Londres em 1870, o perfume da Penhaligon's tem foco em seu forte legado histórico. Desde a era vitoriana, a perfumaria está baseada na criação de fragrâncias originais para um público exigente. O espírito de seu fundador, William Penhaligon, continua vivo em cada criação: um inglês com as marcas da inteligência e criatividade e, ainda, com uma personalidade de excessos e extravagâncias. Suas criações tinham como característica a ousadia — seus arquivos, contendo seus manuscritos, continuam inspirando todas as criações da marca.

Marcas adquiridas pela L´Oréal
Atelier Cologne
(www.ateliercologne.com)

A L´ Oréal adquiriu parcialmente a tradicional Atelier Cologne, com sede na França. Inaugurada em 2009 pelo casal Sylvie Ganter e Christophe Cervasel, a empresa é a criadora do conceito "*cologne absolute*", inspirado na *eau de cologne*, feita com a mistura de notas cítricas com óleos essenciais preciosos para obtenção de criações perfeitamente equilibradas e poder excepcional de duração[76].

"A perfumaria alternativa é, atualmente, um segmento de alto crescimento. Estamos muito satisfeitos em acolher a Atelier Cologne dentro da L´ Oréal Luxe. Graças à sua experiência no mercado de perfumaria de nicho, essa marca é ideal para compor a carteira de marcas da L´ Oréal Luxe que incluem coleções de perfumes exclusivos de suas maiores marcas", explicou Nicolas Hieronimus, presidente das divisões seletivas da L´ Oréal, que engloba a L´Oréal Luxe.

Segundo publicado em matéria na revista *Atualidade Cosmética*, os fundadores da empresa de nicho declararam sobre a aquisição: "Nosso encontro e história de amor levou à criação do Atelier Cologne. Hoje, outro sonho se torna realidade para nós ao nos unirmos ao Gru-

---
76 BORTOLOZI, Tatine. L´ Oréal compra marca de perfumes Atelier Cologne. *Valor Econômico* (http://www.valor.com.br/empresas/4620353/l%3Foreal-compra-marca-de--perfumes-atelier-cologne)

po L' Oréal com uma ambição compartilhada para alcançar novos patamares, mantendo o espírito empreendedor da nossa maison. Estamos muito satisfeitos em contar com a experiência de varejo e digital da L' Oréal, bem como com a experiência olfativa da L' Oréal Luxe para tornar a Atelier Cologne ainda mais bem sucedida".[77]

Assim o mercado vai se transformando e o universo da perfumaria de nicho acaba inspirando a criação de novas linhas de nicho dos grandes nomes da alta costura.

O SEGUNDO NOVO NICHO – GRANDES MARCAS DO MERCADO LANÇAM SUAS LINHAS DE LUXO COMO "NICHO"

Tradicionais empresas de produtos de luxo, especialmente no segmento da alta-costura, iniciaram em 2004[78] um processo de expansão de mercado no segmento de perfumaria, lançando novas linhas de perfumes com uma proposta mais alinhada ao mercado de luxo tradicional, com alguns diferenciais até então exclusivos dos perfumes de nicho, como uma produção mais exclusiva e criações inovadoras.

Entre elas estão a linha Les Exclusifs, da Maison Chanel, lançada em 2007, e La Collection Privée, de Dior, de 2004, que contam com perfumes embalados um a um e criações exclusivas que priorizam o uso de matérias-primas raras. Segundo definição da própria Dior, "são ingredientes raros, que desafiam declarações olfativas e levam a criações que não têm limites, que refletem a liberdade que apenas o luxo verdadeiro consegue proporcionar".

E mesmo a Maison Hermès, já considerada como perfume de luxo genuíno, fora do nicho, como será visto adiante, também em 2004 criou uma linha ain-

---

[77] L' Oréal compra empresa do segmento de perfumaria de nicho. Cosmética News (http://www.cosmeticanews.com.br/leitura.php?n=l-oreal-compra-empresa-do-segmento-de-perfumaria-de-nicho&id=6629)

[78] BARROS, Daniel. Ego in vitro (https://egoinvitro.com.br/exclusivos/)

da mais luxuosa, a Hermenessence, uma nova marca exclusiva que busca elevar, ainda mais, seu caráter de exclusividade e diferenciação.

Apesar de se tratar de produtos mais exclusivos, conforme características do luxo genuíno, muitos especialistas não aceitam nomear essas linhas como perfumes de nicho porque elas não têm sua origem no caráter artesanal de sua produção e, principalmente, porque não apresentam um foco narrativo como orientador de suas criações, o que garante a essas casas a liberdade olfativa para suas criações.

PERFUME DE LUXO GENUÍNO QUE NÃO É NICHO

Após conhecer os exemplos de luxo genuíno presentes na perfumaria de nicho tradicional, na perfumaria de nicho que passaram a pertencer às grandes empresas do setor e nas marcas tradicionais *superpremium*, que lançaram suas novas linhas diferenciadas, é preciso destacar a existência de representantes do luxo nas marcas de perfumarias que não são casas de nicho. Mas, por outros caminhos, mantiveram a exclusividade e a forte personalidade, com pouca comunicação e quase restritas a pequenos círculos de consumidores do luxo e conhecedores de perfumes, dispostos a pagar mais caro por um produto de qualidade elevada e padrão olfativo criado com critérios de exclusividade por alguns dos melhores "narizes" do mundo.

Nesse mercado de luxo que não é nicho podem ser destacados dois fortes exemplos:

- Maison Hermès: marca de luxo genuíno em acessórios de couro e roupas, que se manteve nesse segmento e também em perfumes.
- Os perfumes da tradicional joalheria Bvlgari.

Uma breve visita à história desses representantes do luxo genuíno é indispensável para a formação de consumidores especialistas em perfumes. Hermès e Bvlgari são marcas de forte referência olfativa para todo o mercado e precisam ser conhecidas por bons apreciadores da arte da perfumaria.

Hermès
(www.hermes.com)
Hermès[79] é conhecida mundialmente pela sua cor laranja e teve seu início em 1837 com produtos para o mercado de carruagens, quando o seleiro Thierry Hermès inaugurou uma pequena oficina em Paris para vender artigos artesanais de altíssima qualidade em couro, como baús para carruagens, selas, rédeas, estribos, cintos com porta-moedas, botas e luvas.

Inicialmente, a loja chamava-se Caleche (uma carruagem tipicamente francesa, com quatro rodas e dois assentos frente a frente, puxada por dois cavalos em parelha), nome que veio a batizar o primeiro perfume da grife, mais de um século depois, em 1961.

Hermès construiu seu império do luxo com extrema fidelidade a esse DNA, ligado às hípicas e selarias francesas. O design e marca de seus produtos sempre remetem à sua história: formas de cavalos, carruagens e chapéus de cavaleiros estão presentes unindo tradição e modernidade. Apesar do forte apelo tradicional, a casa Hermès atualizou-se constantemente.

Diante da evolução da sociedade, como, por exemplo, com o surgimento do automóvel, a marca manteve sua *expertise* e tradição de luxo em artigos de couro, mas ampliando seu portfólio com malas de viagens, bolsas e artigos marcados pela eterna elegância discreta da grife que, rapidamente, tornaram-se objetos de desejo.

Toda e qualquer linha da marca preserva sua característica de sinônimo mundial de sofisticação em artigos de luxo, com peças sempre elegantes, que traduzem sua filosofia de trabalho e forma de enxergar o mundo, como confirma a célebre frase da Maison Hermès: "Os melhores presentes vêm em uma caixa laranja".

O perfil de exclusividade está também na demora em conseguir os itens mais de-

---
79 HERMÈS. Mundo das Marcas, 23 maio 2014.

sejados da marca, como a tradicional bolsa Birkin, feita especialmente para Jane Birkin, atriz e cantora inglesa famosa não só pelo seu talento, mas também por sua relação amorosa com Serge Gainsbourg, um dos ícones da cultura pop francesa. E criou com isso uma tradição dessa lenda da moda: a fila de espera. Se você deseja uma bolsa Hermès, tem que esperar.

Todo esse conjunto de história secular tornou a marca Hermès um mito, um ícone discreto do luxo que sabe que é para poucos, que representa o que há de melhor (e mais caro) no universo do luxo.

Em sua linha de perfumes, a marca seguiu sua tradição de luxo extremo, mantendo-a como um ícone também da perfumaria através do investimento nos detalhes que fazem de seus perfumes um luxo genuíno, apesar de não serem absurdamente exclusivos como seus artigos de couro feitos à mão.

A Maison Hermès cultiva a tradição de luxo absoluto em fragrâncias, mantendo um perfumista exclusivo da marca, garantindo aos seus produtos originalidade, diferenciação e manutenção de seu DNA.

Em 2010, subiu para a segunda posição no ranking Millward Brown da marca de luxo mais desejada do mundo, com um valor de US$ 8,46 bilhões, fruto de um forte período de crescimento nas décadas de 1980 e 1990, quando aumentou o número de itens à venda e de lojas ao redor do mundo, além de ter debutado no mercado de ações na bolsa de Paris em 1993[80].

Nesse universo, a perfumaria Hermès retrata, em fragrâncias, o cheiro genuíno do luxo, com criações assinadas por um dos maiores perfumistas do mundo, Jean-Claude Ellena, que trabalhou com exclusividade para a Maison Hermès de 2004 a 2014 e foi o responsável pela criação de obras-primas da perfumaria, que se tornaram fortes tendências de mercado. É dele, por exemplo, o pioneirismo na introdução das notas de chá nos perfumes. Além da qualidade e tradição da marca, Jean-Claude reforça sua personalidade na criação de fragrâncias exclusivas para a Hermès quando destaca a im-

---
80 SANDRINI, João. As marcas de luxo mais desejadas ao redor do mundo. *Revista Exame* (http://exame.abril.com.br/seu-dinheiro/as-marcas-de-luxo-mais-desejadas-ao-redor-do-mundo/)

portância da narrativa em suas criações: "Para criar um perfume, é preciso contar uma história".[81]

Por seu diferencial criativo e maior liberdade para inovar, muitos de seus perfumes são citados nesta viagem, como o Voyage d' Hermès, uma fragrância que rompeu com o padrão do uso de notas cítricas como opção para perfumes unissex, propondo um intenso Floral Amadeirado Almiscarado para ser usado tanto por homens quanto por mulheres.

O espírito livre de Jean-Claude, que marcou suas criações e consequentemente o perfil das fragrâncias criadas para a marca Hermès, pode ser descrito pela declaração publicada em seu livro *Diário de um Perfumista*[82]:

"[...] um perfume só se revela realmente na medida em que ele é aspirado e usado.

Gosto do prazer quando ele é compartilhado, é esta minha definição de luxo. Transponho essa visão para os perfumes que crio e que, em sua maioria, são feitos para serem compartilhados. Se elaboro um "masculino" para um público amplo, não esqueço de nele introduzir sutilmente códigos femininos e, inversamente, faço o mesmo quando se trata de um perfume considerado feminino. Os códigos da moda são inventados para serem transgredidos, para que joguemos com eles; da mesma forma não acredito nos perfumes femininos, masculinos, mistos ou unissex. São as pessoas que os usam que lhes conferem um gênero. Na Índia, os homens usam Opium, de Yves Saint Laurent; Shalimar, de Guerlain, ou J' Adore, da Dior, desde a criação desses perfumes. Fujo dos compartilhamentos rígidos, das categorias estreitas, prefiro deixar a cada um a liberdade de escolher, de se apropriar de cada uma das minhas criações."

Esse perfil pronto a quebrar códigos ditou o estilo ousado das fragrâncias Hermès, consagrando suas criações.

---

81 e 82 ELLENA, Jean-Claude. *Diário de um perfumista*. Editora Record. Rio de Janeiro, 2009.

Depois de 10 anos à frente do cargo de perfumista exclusivo, Jean-Claude tornou-se consultor da marca em 2014, quando fez sua despedida no lançamento, sempre luxuoso, das novas fragrâncias Hermès em um jantar, em Paris, numa galeria do século XIX perto do Louvre.

"Com a chegada de duas colônias inéditas às prateleiras, começa um novo capítulo na perfumaria Hermès", anunciou na festa Agnès de Villers, diretora do departamento, abrindo um concerto de cravo realizado por uma dupla de músicos. Na ocasião, Ellena apresentou sua substituta, Christine Nagel, perfumista criadora de vários best-sellers da perfumaria, como Sì, de Giorgio Armani, e For Her, de Narciso Rodriguez[83].

Mantendo seu perfil do luxo elegante, com fragrâncias exclusivas e criadas com narrativas inspiradoras, como a linha de colônias Le Jardin, a marca reforça seu diferencial nos frascos exclusivos e cartuchos luxuosos.

Como é característico do luxo tradicional, a distribuição é também restrita a poucas perfumarias e às suas lojas próprias espalhadas pelo mundo. A marca só participa de eventos ligados ao mercado do luxo, mantendo-se pouco conhecida do grande público, mas como um objeto de desejo de um segmento que a conhece por sua tradição e qualidade.

Segundo relatou seu vice-presidente da divisão de perfumes, Arnaud Beauduin, em entrevista exclusiva à revista *IstoÉ Dinheiro*, o segredo do sucesso das fragrâncias da marca está em lançar apenas um novo produto a cada ano[84].

Agora, com sua linha *Hermenessence*, a Hermès coloca perfumes ainda mais luxuosos, com embalagens de 100 ml e tampa de couro, reforçando seu DNA. As fragrâncias são unissex, mostrando a ideia de que o luxo deve ser compartilhado, e tem sua distribuição ainda mais limitada: está disponível apenas nas lojas da marca que, no Brasil, podem ser encontradas

---

83 Hermès lança simultaneamente duas colônias. Revista *Vogue* (http://vogue.globo.com/beleza/beleza-news/noticia/2016/06/hermes-lanca-simultaneamente-duas-colonias.html)

84 PEREIRA, Márcia. Perfumes únicos. Revista *IstoÉ Dinheiro* (http://www.istoedinheiro.com.br/noticias/estilo/20110902/perfumes-unicos/2759.shtml)

nos shoppings Cidade Jardim e Iguatemi, em São Paulo, e em um elegante sobrado no bairro de Ipanema, no Rio de Janeiro.

BVLGARI
(www.bulgari.com)
Empresa italiana fundada em 1884, a Bvlgari nasceu do luxo absoluto no segmento de joias, como uma marca emblemática da excelência. Como todo mito, a Bvlgari também se manteve fiel à sua história. Com origem na cidade de Roma, a marca incorpora o luxo e o poder das histórias do Império Romano presentes por toda a sua cidade natal como sua maior inspiração.

Suas criações personificam a audácia no estilo com joias exuberantes e enormes e, ainda, uma clara tendência pela cor. Tudo é facilmente reconhecível e marcado pela sensualidade do volume, amor pela linearidade e uma reverência pela arte e arquitetura das raízes gregas e romanas, como características icônicas presentes em cada uma de suas criações.

Reforçando sua história, a marca manteve o original "V" do latim do sobrenome de seu criador, o ourives grego Sotirio Bvlgari.

Para a perfumaria, a Bvlgari trouxe seu conceito de excelência italiana e competência de sua herança única no segmento de joias, lançando seu primeiro perfume, Eau Parfumée au Thé Vert, em 1992.

Uma fragrância cítrica aromática compartilhável (unissex), assinada pelo onipresente Jean-Claude Ellena, quando este ainda não era exclusivo da Maison Hermès.

Tem como notas de topo o coentro, flor de laranjeira, tangerina, bergamota, cardamomo e limão siciliano. Uma saída refrescante e que, ao mesmo tempo, desperta a curiosidade e grandes paixões. As notas de coração são: jasmim, lírio-do--vale e rosa búlgara; e o fundo, marcante como suas joias, traz notas de sândalo, âmbar, almíscar, chá-verde, madeiras preciosas e cedro. Um perfume intenso, raro e ricamente elaborado.

A empresa mantém seu perfil na arte de criar joias também na criação de seus frascos, com um design arrojado de linhas retas, muito brilho e uso de cores, como as suas joias – foi justamente o uso de cores em suas joias que consagrou a Bvlgari como referência das gemas coloridas na joalheria.

Em 2011, a empresa foi adquirida pelo grupo LVMH, reforçando o seu potencial para o mercado de luxo.

Segundo a própria marca mostra em seu material promocional, na concepção de seus perfumes a visão de Bvlgari é unir talentosos designers e criadores com perfumistas de prestígio. "Cada fragrância e cada perfume Bvlgari são expressões de luxo, capturando a sofisticação e a elegância da marca."

NOVO LUXO

O Novo Luxo, conforme conceito e fundamentos econômicos adotados e conhecidos nesta viagem, iguala-se ao luxo tradicional por seu caráter de qualidade e vínculo emocional com a marca. Porém com acesso limitado, mas não exclusivo, apresentando-se nas subcategorias *super-premium*, *premium*, prestígio e *masstige*, conforme definição do especialista Michael Silverstein.

PERFUMES SUPERPREMIUM

Aproximam-se em qualidade do luxo tradicional, porém sem a necessidade da exclusividade e, consequentemente, do uso de matérias-primas raras, usadas apenas para as produções limitadas do luxo genuíno. São perfumes caracterizados por estarem no topo da categoria Novo Luxo em preço e qualidade.

As marcas *superpremium* priorizam a qualidade e buscam manter a elegância e vínculo emocional de suas marcas de perfumaria, como seus produtos, nas categorias em que atuam como luxo genuíno. Porém tornaram-se mais acessíveis, atuando como um caminho para o consumidor adquirir um produto de uma marca de luxo genuíno em uma categoria de valor absoluto menor.

Neste momento, é hora de reencontrar

um dos maiores ícones da perfumaria: a Maison Chanel.

Uma marca representante máxima do luxo na alta-costura. Sua criadora, Gabrielle Chanel, foi também uma das grandes protagonistas da história da perfumaria mundial e da democratização do perfume de luxo, elevando suas linhas de perfumes ao padrão de objeto de desejo.

Exemplo de *superpremium*, os perfumes Chanel levam a marca com sua ampla bagagem de forte ícone do luxo para as casas de milhões de mulheres no mundo.

Pouquíssimas pessoas podem comprar um vestido Chanel de alguns milhares de dólares, mesmo dos modelos mais básicos.. Porém a marca torna-se acessível através de um produto de valor unitário mais baixo, mesmo custando 300% a mais que um produto padrão, no caso, seus perfumes.

Pela construção exímia de sua marca e de uma comunicação brilhante ao longo de décadas, os perfumes Chanel, especialmente o ícone n° 5, tornaram-se símbolos de uma geração. Verdadeiros clássicos que influenciam e permanecem como sucesso de vendas.

Conforme Mark Tanget publicou em seu livro, "Um frasco de Chanel n° 5 é vendido a cada 30 segundos. Em um mundo no qual os perfumes não permanecem no mercado mais tempo do que na pele, a marca, que tem 90 anos, ainda tem um efeito poderoso"[85].

Pelo forte posicionamento de qualidade em perfumaria, como reflexo da sua marca na alta-costura, e ainda sucesso absoluto em vendas, a perfumaria Chanel tornou-se um forte exemplo de perfumaria *superpremium*.

Apesar de seletiva na distribuição, muitos de seus perfumes figuram entre os mais vendidos do mundo, o que os afasta da eletividade da clientela do luxo genuíno.

Pelas mesmas razões, mais um irrefutável exemplo de perfumaria *superpremium* é a marca Dior, outro ícone da alta-costura. Criada em 1946, teve, desde

---

85 TUNGATE, Mark. *O Império da beleza - Como o marketing da L' Oréal, Natura, Avon, Revlon, Nivea e outras mudou nossa aparência*. Editora Seoman. São Paulo, 2013

sua primeira coleção de roupas, um perfil revolucionário, mantido também em sua divisão de perfumes, a Parfums Christian Dior, lançada em 1947.

Ao encomendar a criação de seu primeiro perfume, Dior solicitou uma fragrância que tivesse o cheiro do amor. E o cheiro do amor chamou-se Miss Dior, lançado em 1º de dezembro de 1947, em um frasco criado para espelhar a silhueta ideal que Dior sonhava para a mulher, uma ânfora com curvas alongadas: feminina e elegante[86].

Miss Dior tornou-se um clássico. Prova disso é que, ao completar 66 anos em 2013, ganhou uma retrospectiva histórica no Grand Palais, em Paris, uma exposição rica em documentos, registros, fotos e frascos icônicos da marca.

Em sua história, a marca Dior criou outros perfumes lendários, além de seu primogênito, o perfume feminino J´Adore, que está presente há décadas na lista dos mais vendidos do mundo.

PERFUMES PREMIUM

Em perfumaria, os produtos *premium* são aqueles caracterizados por excelente qualidade, sem ousadia olfativa, mas elaborados por "narizes" de destaque no mercado. Suas estratégias têm foco na qualidade, que se torna mais acessível por uma maior capilaridade na distribuição e com marcas de destaque, porém não associadas ao luxo e com menor valor agregado.

Normalmente são perfumes de grandes empresas de cosméticos ou marcas de destaque no segmento da moda, não necessariamente da alta-costura, mas sempre com produtos de qualidade e, de uma maneira geral, referências em seus segmentos de atuação.

Segundo dados da agência internacional de pesquisa Euromonitor, as principais marcas de produtos *premium* na América Latina são: La Roche-Posay e Lancôme (ambas da L´

---

[86] MATOS, Miguel. Miss Dior - Descodificando um frasco de amor. Fragrantica (https://www.fragrantica.com.br/novidades/Miss-Dior-Descodificando-um-Frasco-de-Amor-464.html).

Oréal), Carolina Herrera (Puig), Calvin Klein (Coty) e Christian Dior (LVMH). Entre as empresas do segmento de cosméticos acrescentam-se ainda algumas linhas da marca americana de cosméticos Elizabeth Arden, cuja Red Door (porta vermelha, em inglês) marcava a entrada da sua primeira loja em Nova York, e, por isso, acabou se tornando um símbolo para a marca. Não por acaso, é o nome do perfume que consolidou a presença da empresa no segmento *premium*.

Pode-se incluir, como exemplos nesse segmento, as marcas de perfumes Armani, Cacharel, Tommy Hilfiger, Kenzo, Paco Rabbane e Ralph Lauren.

No Brasil, por razões que serão mencionadas adiante, não há representantes da perfumaria *superpremium* e *premium*.

PERFUMES PRESTÍGIO

São aqueles que contam com ótima qualidade e distribuição com maior capilaridade que os produtos *premium*.

Além de produtos de empresas do setor de perfumaria, também são fortes exemplos os perfumes de marcas do mercado de luxo genuíno sem tradição, mas caracterizados por qualidade e por carregarem o prestígio das marcas de luxo em outros segmentos. São produtos de menor preço e de empresas cujas marcas se dirigem historicamente aos ricos, como a Mercedes-Benz, por exemplo.

Na perfumaria internacional, a Mercedes-Benz, com sua linha de perfumes, exemplifica o que é ter boa qualidade, porém sem tradição nesse segmento. Mas seu perfume carrega o prestígio e o luxo que a marca representa no segmento de automóveis. Outro exemplo é a linha de perfumaria da escuderia italiana Ferrari.

Pode-se considerar também como perfumes da categoria prestígio alguns produtos de marcas de personalidades que apresentam forte vínculo emocional com o mercado, mesmo que não tenham tradição no segmento de perfumaria. Entre os femininos estão as fragrâncias assinadas pela jovem cantora e atriz americana Taylor Swift, lançadas pela marca

Elizabeth Arden em quatro versões, todas *eau de parfum*: Taylor, Wonderstruck, Wonderstruck Enchanted e Taylor Swift Incredible Things. Todos os perfumes foram lançados em embalagens ricamente decoradas e exclusivas, e apresentam fragrâncias assinadas por perfumistas responsáveis por grandes sucessos da perfumaria *premium*, como Oliver Gillotin – responsável pela criação de Higher e Higher Black, de Christian Dior, e Reveal Men, de Calvin Klein –, Loc Dong – que assina o CK IN2U e Euphoria, ambos para Calvin Klein – Jean-Marc Chaillan – criador do sucesso Eternity, também de Calvin Klein, entre outros.

Outro exemplo é o perfume Fantasy, assinado pela popstar Britney Spears, que é um sucesso absoluto de vendas. Um produto também lançado pela marca americana Elizabeth Arden, Fantasy de Britney Spears, é um perfume Floral Frutado Gourmet, que chegou ao mercado em 2005. O perfumista que assina essa fragrância é James Krivda, criador de sucessos no mercado *premium*, como Freedom for Her, de Tommy Hilfiger, e Polo Sport Woman, de Ralph Lauren.

No segmento de perfumes masculinos, outro exemplo da categoria prestígio são os perfumes das linhas lançadas pela grife Lacoste e as marcas esportivas Nike e Puma.

No Brasil, o segmento prestígio encontra seus representantes nos portfólios de grandes empresas do setor de perfumaria, como o Lilly, Malbec e o Zaad, de O Boticário, e Essencial, Una e Luna, da Natura.

PERFUMES MASSTIGE

Os produtos *masstige* são caracterizados por um preço superior aos perfumes de massa, mas muito abaixo dos produtos *superpremium*, *premium* e prestígio. Mas, objetivando eliminar rótulos dos perfumes *masstige*, associando-os a uma qualidade mais próxima da categoria de massa do que dos perfumes prestígio, é interessante conhecer a opinião de uma profissional da área.

Em entrevista à revista *Vogue*, a perfumista francesa Emilie Coppermann, da Casa de Fragrâncias Symrise, criadora dos perfumes da coleção Black XS, de Paco Rabanne, e Play for Her, de Givenchy, declarou sua visão bastante positiva sobre o que considera importante na escolha de um perfume, independentemente de seu valor financeiro:

> *"Hoje já existem muitos perfumes no mercado masstige que são de muita qualidade. Não é porque temos preços mais baixos para trabalhar em uma fragrância, que não podemos ser criativos, e o perfume tem menos qualidade e não pode ter uma assinatura interessante. Um perfume com uma rosa superqualitativa e cara também não garante uma fragrância de qualidade se os outros ingredientes não formarem uma boa composição. É muito difícil e é melhor ter um alto preço para trabalhar, mas definitivamente podemos e temos muitos perfumes de qualidade no mercado masstige, inclusive no Brasil*[87].

Os grandes exemplos desse segmento são os perfumes de empresas que atuam fortemente nos canais de distribuição em massa, mas que foram encomendados às boas casas de fragrâncias e têm seus nomes associados a personalidades célebres ou profissionais de destaque na moda, design ou artes de uma maneira geral.

Um clássico exemplo, no Brasil, foi o lançamento da Avon, tradicional empresa de venda direta de produtos de massa que atende às classes média e baixa, em 2009, de duas fragrâncias, uma feminina e outra masculina, em parceria com o estilista francês Christian Lacroix, de grande prestígio internacional.

De uma maneira geral, os perfumes *masstige* precisam ter uma qualidade mais elevada que os de massa, até por uma natural exigência das personalidades que emprestam seus nomes para os produtos, porque teriam a própria imagem de prestígio prejudicada com o lançamento de fragrâncias que não estivessem à altura de suas reputações. Normalmente têm boa concentração, alguns chegando até a um *eau de parfum* e boa qualidade de construção.

---

[87] MARCHESI, Vitoria. Perfumista francesa dá dicas para acertar na escolha e uso da fragrância. Revista *Vogue* (http://vogue.globo.com/beleza/necessaire/noticia/2016/10/perfumista-francesa-da-dicas-para-acertar-na-escolha-e-uso-da-fragrancia.html)

O perfume Christian Lacroix Nuit, por exemplo, circulou por vários anos desde seu lançamento em 2009, com a criação de novas versões em 2011. O preço estabelecido para a linha no lançamento foi de R$ 75. Um valor considerado baixo para uma *eau de parfum*, com frasco exclusivo criado pelo próprio estilista e a fragrância criada por um dos narizes mais famosos do mundo, Carlos Benain, responsável por sucessos como o Polo Blue, da Ralph Lauren – uma *eau de toilette* que custa cerca de R$ 479 o frasco de 125 ml[88] – e Jasmim Noir, da Bvlgari – uma *eau de parfum* que vale aproximadamente R$ 357 o frasco de 100 ml nas lojas[89]. Uma breve comparação de preços, destacando que sua criação tem o DNA de um grande perfumista, que, mesmo criando com um orçamento limitado, é capaz de construir uma verdadeira obra de arte olfativa.

Como se vê, é possível mostrar como o perfume *masstige* não é apenas um perfume de massa em um frasco mais elaborado, com um nome de prestígio, mas pode ser, de fato, uma criação com uma sólida proposta de tornar mais acessível uma qualidade olfativa elevada, que, suportada também pela possibilidade de venda em um grande volume, possibilita um preço mais acessível, já que nela não estará embutido o alto preço do valor agregado das marcas *premium* ou mesmo prestígio.

Outros exemplos são os perfumes de celebridades nacionais e internacionais, mas com distribuição em massa e preço mais acessível.

Segundo estudos, a marca é o elemento mais importante no consumo de perfumes. Em geral, as consumidoras se fixam em nomes mais conhecidos e produtos de grandes fabricantes que sinalizam mais prestígio, confiança e aceitação em seu meio social. A identidade de um perfume está associada à própria identidade do consumidor, como referenciais de status socioeconômico. Tal estratégia, usada nos perfumes prestígio, também é aplicada ao segmento *masstige*, mas buscando atingir

---

88 Cotação do site Buscapé em 16/5/2017.
89 Cotação do site Submarino em 16/5/2017.

um número ainda maior de consumidores e ampliando consideravelmente o acesso através da distribuição em massa, o que inclui venda porta a porta e grandes redes de varejo popular, como Lojas Americanas e supermercados.

A presença de nomes de destaque oferece aos consumidores maior segurança quanto à qualidade e aceitação dos produtos, mesmo quando encontrados em canais de massa, e acabam destacando-se dos produtos de marcas desconhecidas, expostos, muitas vezes, numa mesma prateleira e por preço semelhante.

De uma maneira geral, os perfumes *masstige* têm o poder de estabelecer com seus consumidores o vínculo emocional através da admiração à personalidade de ídolos ou profissionais de prestígio que assinam as fragrâncias.

No Brasil, o segmento *masstige* tem como exemplo os perfumes Biografia e Kaiak, da Natura, e Arbo e Egeo, de O Boticário. Eles carregam o prestígio de seus grandes fabricantes, mas com um perfil de maior acessibilidade do que outros produtos das mesmas empresas.

PERFUMES DE MASSA

Os produtos desse grupo são caracterizados pela produção e distribuição em larga escala, pela distribuição no grande varejo ou ampla rede de venda direta, com preço fortemente atrelado à redução de custos. Esses produtos são os mais acessíveis tanto em relação a preço quanto ao acesso em ampla distribuição[90].

São empresas com estratégias que priorizam o volume, criando perfumes acessíveis para quem deseja se perfumar de forma agradável, mas sem comprometer parte de sua renda com itens de perfumaria. Como bons exemplos desse segmento estão as águas perfumadas vendidas em drogarias e mercados das linhas clássicas da Avon, como Musk e Prety Blue, os populares da Jequiti, e ainda a Seiva de Alfazema, Cuba, Café Paris e Parfums de France.

No segmento de massa também é possí-

---

[90] KOTLER, Philip e KELLER, Kevin Lane. Administração de Marketing Editora Pearson, 12ª edição. São Paulo, 2006.

vel encontrar perfumes com marcas de personalidades, porém de nomes associados ao público mais popular, como os dos cantores sertanejos, românticos ou fanqueiros, como Anitta, Wanessa Camargo e Fábio Junior.

Normalmente, o grande foco dos produtos de massa é a capilaridade da distribuição e preço bastante acessível. A associação com personalidades populares permite estabelecer um preço um pouco mais caro que o produto de massa convencional, mas precisa manter-se acessível ao seu público-alvo e por isso não atinge os patamares de valores de perfumes de personalidades da categoria prestígio ou mesmo *masstige*, mantendo o perfil da categoria.

OS PERFUMES SUPERPREMIUM, PREMIUM E SEUS SEGUIDORES – CONTRATIPO X PIRATARIA

Assim como ninguém pode ser dono de uma receita de bolo de chocolate- pois existem muitas maneiras de se fazer um bolo, com pequenas variações no resultado final quanto ao gosto, consistência e aparência, com os mesmos ingredientes, com maior ou menor qualidade –, um perfumista não pode ser dono da fórmula de um perfume. O que existe, na verdade, é a propriedade sobre a marca de um perfume, que caso seja comercializada por qualquer outra empresa, que não a sua proprietária, é claramente pirataria.

Um perfume J´Adore, da Dior, só pode ser fabricado pela própria Christian Dior Parfum. Qualquer outra empresa que imite seu frasco e coloque o nome J´Adore na embalagem estará enganando o consumidor e, é claro, isso é pirataria e é crime previsto em Lei.

Além da garantia de propriedade da marca, outra possibilidade de garantia de propriedade em perfumaria é o registro de patentes nos processos de fabricação de novas moléculas, desenvolvidas por determinadas casas de fragrâncias.

Em qualquer perfil de mercado, as marcas de luxo genuíno e novo luxo ditam as tendências. Na moda, as marcas da alta-costura realizam seus desfiles criando suas coleções a cada estação e lançando a tendência que será seguida em todo o mundo. Dessa forma, as cores, comprimento das saias, estampas, tipos de corte e estilos tornam-se tendências e são, imediatamente, imitados por marcas de prestígio e até mesmo pelas confecções de massa. Mas é claro que os produtos que seguem suas tendências não alcançam a qualidade de corte e matérias-primas das roupas originais da alta-costura, com seus tecidos em fios egípcios feitos à mão com exclusividade para os mais famosos estilistas do mundo.

O mesmo acontece com a perfumaria. As marcas de luxo e *superpremium*, com seus narizes exclusivos e premiados, ditam as tendências e são seguidas pelas perfumarias que ocupam categorias abaixo delas. Dessa forma, o contratipo é um perfume que é feito seguindo uma tendência e utilizando a mesma "receita" de um perfume de uma grande marca de luxo, *superpremium* ou mesmo *premium*, e que tenha recebido a aceitação de um grande grupo de pessoas ou tenha se tornado um objeto de desejo.

Como se faz um contratipo? Um bom perfumista é capaz de fazer um contratipo "no nariz", ou seja, é capaz de cheirar um perfume e chegar à sua formulação. Assim como um ótimo chefe de cozinha é capaz de provar um prato e saber os ingredientes que o compõem e a forma como foi feito. Outra possibilidade, criada com a tecnologia, é o uso de um aparelho chamado cromatógrafo, que analisa o perfume através de um processo físico-químico de separação de misturas. Ou seja, a cromatografia de um perfume é capaz de dar a sua composição aproximada, facilitando a elaboração de um contratipo. Mas a formulação nunca será idêntica, será apenas inspirada em um perfume desejado por muitos. Assim como um vestido de uma loja de departamentos em um corte Chanel nunca será um Chanel.

Os perfumistas, em sua grande maioria, gostam de executar a criatividade no desenvolvimento de fragrâncias originais, mas, no dia a dia das casas de fragrâncias, são muitos os pedidos por fórmulas de perfumes "contratipados" de grandes criações da perfumaria de luxo, *superpremium* e *premium*. Por que isso acontece? Pelo fato da garantia que uma empresa de menor porte terá de agradar uma grande parte das pessoas com uma composição olfativa que, conhecidamente, é um objeto de desejo e já conta com a aceitação em um determinado perfil de consumidor que a empresa deseje agradar. Como, por exemplo, uma marca de roupas nacional pode desejar lançar uma linha de perfumes própria e, com base no perfil de seu público, pede à casa de fragrâncias um perfume que terá a sua marca, porém inspirado no sucesso 212 de Carolina Herrera, porque sabe que esse é um padrão olfativo que agradará sua clientela.

Até pouco tempo atrás, a maioria dos perfumes nacionais eram contratipos de grande sucesso entre os importados. Hoje, a criação de formulações novas e originais no Brasil já é uma realidade, como o perfume Malbec, citado anteriormente, cuja molécula foi inspirada na uva do vinho Malbec e criada em uma parceria da casa de Fragrância IFF com o Grupo Boticário.

Além desse, existem ainda outros sucessos das marcas Boticário, Natura e L'Occitane desenvolvidos com fórmulas originais e até mesmo com matérias-primas naturais do Brasil.

Entre os grandes sucessos nacionais que foram contratipos, ou seja, inspirados em fórmulas internacionais, estão o Stiletto, perfume que figurou entre os mais vendidos do Grupo Boticário e que é um contratipo do perfume Drakkar Noir. O Quasar, por exemplo, é inspirado no perfume Cool Water, de Davidoff, e o perfume Floratta in Blue é um contratipo do CK Be, de Calvin Klein.

Uma das grandes diferenças existentes entre os originais importados e os contratipos é, normalmente, a concentração da fragrância. Os importados são mais usualmente apresentados nas versões *parfum*, *eau de parfum* ou *eau de toilette*, e seus contratipos em *eau de cologne* ou de colônia, o que possibilita que muito mais pessoas tenham acesso ao perfil das fragrâncias internacionais já que são vendidos a um preço mais reduzido.

Outra diferença está na origem das matérias-primas. Nos perfumes originais de segmentos de luxo ou novo luxo, as casas de fragrâncias podem trabalhar com óleos essenciais naturais com custos muito elevados, já no contratipo é natural a necessidade de se utilizar a matéria-prima sintética, normalmente também mais acessível.

A existência dos contratipos é uma consequência quase natural do sucesso de um perfume. Como apresentado na segunda estação deste livro, as grandes casas de fragrâncias e as grandes marcas de perfumes sabem que são as maiores formadoras de tendências e criadoras de sucessos seguidos por marcas menores de todo o mundo. Para manter suas criações destacadas com suas características originais, além do registro das marcas e uso de frascos com design exclusivos, as grandes casas de fragrâncias têm como possibilidade de garantia de originalidade o uso de novas moléculas. Elas são utilizadas inicialmente com exclusividade nas criações para seus grandes clientes, antes de serem comercializadas para outras casas de menor porte, e ficam "em segredo" nas formulações de seus perfumistas, que as utilizam exclusivamente nos lançamentos das grandes marcas mundiais de luxo e *superpremium*.

Assim, as novas substâncias ainda não catalogadas em cromatógrafos ficam "escondidas" e, por não estarem disponíveis para a venda pelas casas de fragrâncias que as desenvolveram, não podem ser adquiridas, e tampouco imitadas.

Conta-se no mercado que algumas grandes marcas têm moléculas secretas que "assinam" olfativamente suas criações, tornando impossível a criação de um contratipo idêntico ao perfume original. Como é o caso da lenda em torno da tradicional Casa Guerlain, que muitos especialistas dizem ser uma das que utilizam uma molécula exclusiva em suas composições para que os contratipos nunca alcancem completa semelhança olfativa com seus originais.

Antes que seja passada a impressão de que o perfume brasileiro é apenas baseado no contratipo, é importante destacar um estudo da Casa de Fragrâncias Givaudan, divulgado pela revista *Forbes*[91]. Ele apontou que, "ao contrário do passado, quando o Brasil era considerado apenas um seguidor de tendências em perfumaria fina internacional, o país agora desponta como fonte de inspiração para o mundo, graças às raízes, sementes, folhas e frutos, comuns aos nossos olhos, mas considerados exóticos aos estrangeiros".

Segundo a Givaudan, a perfumaria brasileira está passando por um processo de "premiunização", onde os consumidores de águas e *splashes*, utilizadas em abundância e ainda desejáveis em diversas áreas do país (caso do Norte e Nordeste), começam a experimentar novas formas de perfumação, como as *eau de toilette* e *eau de parfum*, inserindo-se assim num mundo mais luxuoso.

---

[91] O Brasil tem o maior mercado de perfumes do mundo. Revista Forbes (http://www.forbes.com.br/negocios/2014/11/brasil-tem-o-maior-mercado-de-perfumes-do-mundo/)

FLANKERS – UM PERFUME QUE VOCÊ JÁ CONHECE, MAS DE UM JEITO DIFERENTE

Flanker é uma prática na perfumaria que também tem origem em uma estratégia de mercado. Em marketing, pode-se traduzir o termo *flanker brand estrategy* como estratégia de marca paralela, ou seja, a criação de uma marca paralela a outra já existente.

Na perfumaria, as estratégias de criação de flankers são utilizadas para ampliar o mercado de um perfume que já é sucesso. O flanker é um perfume com o mesmo nome do perfume original, mas com uma pequena variação olfativa, como, por exemplo, Calvin Klein Beauty, Calvin Klein Sheer Beauty e Calvin Klein Sheer Beauty Essence. São perfumes lançados pela Calvin Klein que, após o sucesso de Calvin Klein Beauty, decidiu lançar variações, ampliando o público do perfume original ou dando aos compradores atuais mais uma opção para "variar" sua fragrância.

Um flanker pode ser de dois tipos: evolução e revolução[92].

92 BARROS, Daniel. *303 perfumes para provar antes de morrer* - Edição feminina. Editora Scortecci. São Paulo, 2015.

É "evolução" quando mantém as características olfativas do primeiro lançamento, com certas variações, por exemplo, deixando a fórmula original mais leve para dias quentes, mais intensa para a noite ou mais jovem, alterando a estrutura principal com acréscimo de notas de frutas.

E um flanker é "revolução" quando as variações da marca usam o nome do perfume principal, mas seu perfil olfativo difere completamente da classificação olfativa original, como acontece com o Poison, cujos flankers são diferentes da sua estrutura original, mantendo poucos elementos como, por exemplo, rosas brancas. O último flanker do perfume Poison, lançado em 2016, o Poison Girl, é bastante criticado por não manter semelhança com o original, criado em 1985. O Poison original é um perfume denso, exótico, repleto de especiarias e tuberosa, com um toque de feminilidade de notas florais, entre outras, de flor de laranjeira na saída, rosa e flores brancas no coração. Em seu fundo, muito denso, está uma composição ousada de sândalo, musk e âmbar juntos. Já seu último flanker apresenta uma manutenção apenas das notas de corpo com rosas e flor de laranjeira, e difere completamente nos demais elementos de sua criação.

> Poison é um perfume de muita personalidade que fez grande sucesso em uma época que a mulher buscava se afirmar, mostrando sua força sensual. É um dos perfumes que mais têm flankers no mercado.
>
> Nem sempre bem aceita, a prática de lançamentos de flankers faz a empresa "surfar" na onda de um perfume de sucesso. Como se diz no mercado, há quem ame, há quem odeie. Assim, será somente praticando que cada futuro *parfum prosumer* poderá formar sua própria opinião.

QUE PERFUME O BRASILEIRO MAIS COMPRA E ONDE COMPRA?

Depois de conhecer os principais perfumes em cada categoria, desde o mercado de luxo até o mercado de massa, qual o perfil do mercado brasileiro, considerado um dos maiores do mundo?

Segundo dados da agência internacional de pesquisas Euromonitor, publicados no jornal O *Estado de S. Paulo* em fevereiro de 2017, os cinco perfumes mais vendidos no Brasil são:

1º lugar - Malbec (Boticário)
2º lugar - Ekos (Natura)
3º lugar - Quasar (Boticário)
4º lugar - Humor (Natura)
5º lugar - Capricho (Boticário)

Ainda conforme dados da Euromonitor, os altos índices de consumo de perfumaria no país vêm apresentando números expressivos há 10 anos. Em 2016, o Brasil perdeu a liderança como maior mercado de perfumaria do mundo, conquistada em 2010. Mas ainda é um mercado gigante e atualmente os perfumes representam mais de 10% de todo o mercado de HPPC (higiene pessoal, perfumaria e cosméticos) e movimenta em torno de US$ 5,7 bilhões por ano.

Cerca de 90% dos produtos vendidos são de origem nacional, praticamente divididos entre as duas gigantes do mercado, Boticário e Natura, sendo que, recentemente, o Boticário passou a Natura na liderança.

Outro dado interessante aponta que ainda há muito espaço para o crescimento, pois, apesar de o Brasil ser um dos maiores mercados mundiais de perfumaria, segundo dados da Kantar Worldpanel, a penetração do perfume, ou seja, o volume de pessoas que utilizam perfumes diariamente ainda é considerado baixo, 59,2%, quer dizer, de cada 10 pessoas, apenas 6 utilizam perfumes. Essa é a média nacional, com destaque para a região Nordeste, onde 9 de cada 10 pessoas usam perfumes diariamente, com preferência para as colônias e deo colônias, produtos que têm uma concentração bastante adequada para o clima da região.

A média de penetração de quase 60% significa que o mercado brasileiro ainda pode crescer, principalmente se seus consumidores conhecerem cada vez melhor esse produto que amam, tornando-se *parfum prosumers*, capacitados para auxiliar a indústria de perfumes, orientando suas criações com base em suas necessidades quanto à qualidade, perfil olfativo, expectativa de preço e até mesmo formas de se perfumar.

Outro dado interessante, destacado pela pesquisa Euromonitor, é quanto aos canais de venda de perfumes no Brasil: aproximadamente 72% das vendas de perfumes são feitas pelo sistema de porta a porta, 20% por franquias e 8% por meio de lojas de varejo. Porém a venda direta vem perdendo espaço nos últimos anos para outros canais, especialmente para as franquias[93]. Em um mercado que cresceu 90% entre 2008 e 2013, as franquias avançaram 215% e a venda direta cresceu 71%, mostrando um deslocamento do brasileiro em sua forma de comprar perfumes.

O volume do mercado, de uma forma geral, mostra que o Brasil é um país de pessoas apaixonadas por perfumes, que merecem conhecer e usufruir ainda mais dos prazeres da perfumaria.

---

93 MEYGE, Adriana. Franquia cresce mais que porta a porta. Jornal *Valor Econômico* (http://www.valor.com.br/empresas/3161306/franquia-cresce-mais-que-porta-porta#ixzz2WBa15bW8)

Escolher melhor, comprar melhor, utilizar com prazer as suas fragrâncias prediletas ou ainda experimentar cheiros de todo o mundo, fazendo uso do poder do olfato, serão consequências naturais para aqueles que procuram o conhecimento em livros, cursos e, especialmente, da prática e da curiosidade em desvendar as composições e descobrir suas notas que se revelam a cada inspiração.

Para contribuir com a criação desse novo consumidor, chega-se ao final da última estação desta viagem através do universo da perfumaria com um tema bastante importante para os consumidores: os preços dos perfumes no Brasil e no mundo. Assim, antes de chegar à *Maison Parfum Prosumer*, será preciso ajudar os consumidores de perfumes a se unirem para lutar contra conceitos inadequados dos legisladores brasileiros, já ultrapassados para os dias atuais.

POR QUE PERFUMES SÃO MAIS CAROS AQUI NO BRASIL DO QUE EM SEUS PAÍSES DE ORIGEM?

Como já falado, a criação de perfumes envolve altos custos das casas de fragrâncias, com pesquisa e desenvolvimento de novas tecnologias de extração e criação de novas moléculas e óleos essenciais, especialmente os naturais de ótima qualidade, usados pelas grandes marcas de perfumes; os altos custos de produção para plantio de flores ou árvores e métodos de extração e conservação de matérias-primas, normalmente delicadas e, ainda, a questão da quantidade necessária de matéria-prima para a extração de um único quilo de óleo essencial, que costuma ser muito grande.

Como visto, normalmente os perfumes mais luxuosos, além dos valores agregados das grandes marcas, utilizam matérias-primas de grande qualidade e altíssimo preço. Alguns óleos essenciais, como o absoluto de jasmim, por exemplo, podem chegar a custar US$ 12 mil o litro, pois, para ser fabricado um litro desse óleo essencial, são necessárias 4 toneladas de flores. Assim, é claro que algumas matérias-primas fiquem restritas aos perfumes de luxo genuíno, com volume de produção extremamente baixo, verdadeiras joias raras da perfumaria.

Outro fator que encarece os perfumes, especialmente no Brasil, são os altos impostos cobrados por um produto considerado pela Lei como supérfluo. A questão é que a própria indústria nacional é muito prejudicada, pois não apenas os perfumes importados estão sujeitos aos altos impostos, mas há ainda as taxas incidentes sobre a importação dos óleos essenciais para fabricação dos perfumes no país, que também influenciam fortemente os preços dos perfumes das marcas nacionais e, para completar, há os altos impostos no preço final do produto.

Dos produtos de beleza, os perfumes são os que registram o maior percentual de impostos embutidos no preço, conforme levantamento em 2016 do Instituto Brasileiro de Planejamento e Tributação (IBPT)[94]. A lista de carga tributária divulgada, comparando alguns itens de presentes, não deixa dúvida de que, ao classificar o perfume como supérfluo, os governantes deste país não têm o conhecimento sobre a importância do perfume para a comunicação silenciosa de asseio, amabilidade e até mesmo de características profissionais, como citam as pesquisas.

Cobrar sobre um bem de higiene pessoal uma tributação extremamente semelhante às taxas aplicadas sobre produtos como armas de fogo e bebidas alcoólicas, cujo consumo em excesso acarreta em morte, dependência, doenças fatais e acidentes de trânsito, é um contrassenso só explicado pela ausência de critérios ou ignorância dos legisladores.

Outro fator importante é o potencial do mercado brasileiro de HPPC como gerador de empregos e com grande potencial de competitividade internacional.

---

[94] Lista mostra imposto embutido nos principais presentes para as mães. Portal G1 (http://g1.globo.com/economia/seu-dinheiro/noticia/2016/05/lista-mostra-imposto-embutido-nos-principais-presentes-para-maes.html)

Carga tributária incidente sobre produtos no Brasil (abril de 2017)

Produto	Tributação
1º - Cachaça	81,87%
2º - Casaco de pele	81,86%
3º - Vodca	81,52%
4º - Cigarro	80,42%
5º - Perfume importado	78,99%
6º - Caipirinha	76,66%
7º - Videogame	72,18%
8º - Revólver	71,58%
9º - Perfume nacional	69,13%
10º - Motos acima de 250cc	64,64%

Fonte: IBPT (Instituto Brasileiro de Planejamento e Tributação)

Outra peculiaridade sobre os impostos no setor onera ainda mais o consumidor. É uma característica tributária que não se encontra em outros países: a aplicação de impostos crescentes sobre os perfumes com base na concentração do produto final, ou seja, sobre um perfume *eau de parfum* (EDP) incide uma porcentagem de impostos maior do que sobre um perfume *eau de cologne* (EDC). Esse absurdo faz com que o perfume de maior concentração, aquele com preço mais elevado pela maior quantidade de fragrância a cada 100 ml, torne-se ainda mais caro devido a uma cobrança de impostos desproporcional.

Outra consequência dos altos impostos que prejudica os consumidores é a distorção do valor real de algumas marcas internacionais no país. Segundo Letícia do Amaral, diretora do Instituto Brasileiro de Planejamento Tributário (IBPT), "os produtos importados têm seu valor acrescido de vários tributos que incidem sobre a importação e taxas aduaneiras. Além disso, há ainda os custos com intermediários aduaneiros e logística. Tudo isso sem contar com a parcela que é destinada ao lucro do próprio vendedor no Brasil. Resultado: produtos que no exterior são vendidos comumente em lojas de departamentos viram, literalmente, artigos de luxo quando importados e revendidos no Brasil"[95]. Assim, marcas de perfumes populares fora do país chegam com preço muito superior ao valor que realmente têm.

A pressão sobre o Legislativo para desonerar um mercado que gera milhões de empregos e movimenta mais de US$ 5 bilhões ao ano seria uma ótima causa para ser abraçada pelos consumidores de perfumes em ações dirigidas às autoridades responsáveis pelas reformas tributárias.

---

[95] CURY, Anay. Tributos fazem de importados populares artigos de luxo no Brasil. Portal G1 (http://g1.globo.com/economia-e-negocios/noticia/2010/10/tributos-fazem-de-importados-populares-artigos-de-luxo-no-brasil.html)

ESTAÇÃO 5

MAISON PARFUM PROSUMER

TORNE-SE UM CONSUMIDOR ESPECIALISTA EM PERFUMES

HALL DE ENTRADA

Bem-vindo!
Chegou o momento, na viagem, de respirar fundo e deixar fluir todo o conhecimento colocado na bagagem de cada um, a cada estação. É hora de aplicar esses conhecimentos, praticar e aproveitar o universo da perfumaria com o intuito de alegrar, acalmar ou, simplesmente, proporcionar momentos capazes de dirigir a atenção de cada um para seu próprio coração, para onde vai o perfume, e se desligar um pouco dos ruídos do mundo exterior. Será possível aprender como aplicar, no dia a dia, os conhecimentos aqui apresentados.

É hora de consolidar e conhecer os caminhos para se praticar a perfumaria como consumidor especialista e incorporar um prazer sensorial diário, sem efeitos colaterais, que pode ser desenvolvido e que não tem limite de idade para usufruir de seus benefícios.

Todo esse caminho percorrido objetivou acrescentar na bagagem de cada viajante os conhecimentos essenciais para essa chegada ao interior da *Maison Parfum Prosumer*. Serão explorados quatro ambientes, com orientações práticas para transformar simples viajantes em consumidores especialistas em perfumes e propagadores das alegrias e dos prazeres que a elevação da percepção do olfato pode trazer ao dia a dia, deixando-o mais belo, mais prazeroso e feliz.

Desenvolvendo melhor a percepção do mundo por meio da comunicação dos cheiros, será possível fazer um contraponto às imersões diárias no mundo da fria tecnologia, sempre à mão, mas que pode afastar, mesmo que temporariamente, as pessoas da natureza e do estado mental onde é possível encontrar a harmonia interior, conectando-se com as energias da natureza que despertam as melhores emoções em cada um.

Por fim, serão bem-vindos ao mercado os novos *parfum prosumers*, como consumidores capacitados para ajudar a transformar o mercado de perfumes brasileiro, estimulando, contribuindo com a criação de produtos ou avaliando importações que venham a atender seus desejos olfativos quanto às formulações, design, preço e distribuição.

Assim como o consumidor brasileiro tornou-se, nos últimos anos, um melhor consumidor de vinhos, como consumidores enólogos que aprenderam qual tipo de uva combina com dias frios, quentes ou com determinadas ocasiões e pratos, o mesmo pode acontecer com o surgimento de um novo consumidor de perfumes, no caso o *parfum prosumer*.

Quanto aos perfumes, apenas conhecer a classificação olfativa do perfume que mais lhe agrada não é garantia de satisfação imediata, pois dependerá da forma como o perfumista estruturou sua criação, as proporções de cada nota, as demais notas da composição, a qualidade dos óleos essenciais utilizados e da concentração da fragrância na composição final.

Exatamente como ocorre em um restaurante, para gostar de um novo prato será preciso gostar da forma como o *chef* trabalha os ingredientes. E é natural até que *parfum prosumers* cheguem a identificar um perfumista cuja assinatura olfativa o agrada.

De qualquer forma, para se tornar um *parfum prosumer*, um consumidor engajado, que conhece tão bem um produto a ponto de poder auxiliar no processo de sua criação, é preciso muita prática, mas com a garantia de que será, sempre, um grande prazer praticar e melhorar a capacidade de percepção do mundo através do olfato.

O primeiro ambiente é a Sala das Preferências Primárias – uma atividade de descobertas das paixões olfativas. Um espaço onde cada viajante aprenderá a conhecer melhor seus gostos pessoais para perfumes e a nomear suas preferências, além das definições genéricas como "eu gosto de doce" ou "eu gosto de amadeirados".

Esse conhecimento será útil em todas as experiências olfativas futuras e no descobrimento de novos perfumes para diferentes usos que também sejam do agrado de cada um, além das marcas já conhecidas e habituais, porém ainda com um mesmo perfil olfativo.

O segundo ambiente é a Sala das Novas Descobertas. Nele, será possível explorar o perfil olfativo descoberto como base para ampliar as opções com outros critérios, como a personalidade e como combinar o perfume com a roupa, indo além do gosto pessoal dentro do universo já conhecido.

O terceiro ambiente é a Sala dos Cheiros que Curam, onde o viajante poderá explorar o universo da perfumaria funcional para agregar, ao hábito diário de perfumar-se, um benefício extra para sua vida.

E, por fim, o quarto ambiente é a Sala dos Prazeres, onde, traçado o mapa de preferências, será possível orientar a busca por perfumes, sem manter-se na mesmice dos seus gostos e preferências históricas. Isso evita os cheiros que sabidamente o desagradam, mas sem deixar de explorar novas possibilidades fragrantes para elevar o repertório perfumístico e a variedade de perfumes da penteadeira com opções adequadas para as diversas ocasiões, onde será sempre interessante sentir-se perfumado.

Neste momento, será preciso usar a bagagem adquirida nesta viagem e, em especial, os conhecimentos da quarta estação sobre classificação e notas olfativas.

Vale lembrar que a classificação olfativa é sempre um balizador que destaca as notas mais marcantes de um perfume. Apesar das variações de nomenclatura apresentadas, somente com a prática o consumidor se habituará a perceber as formas de classificação e a "ler" o cheiro de um perfume por sua descrição. É tudo uma questão de conhecer e praticar.

Porém, além da grande variedade de cheiros de flores, frutas e madeiras, ainda há a questão dos critérios usados na classificação realizada, que, por exemplo, pode atribuir à família oriental as notas de especiarias e madeiras nobres ou a presença de notas mais doces e intensas também do Oriente, como a baunilha, por exemplo. E é natural que um consumidor goste de algumas delas e não de outras.

É bom reforçar que um perfume classificado como frutal sempre terá notas olfativas dominantes com cheiro de frutas, porém uma pessoa pode gostar de perfumes com notas de framboesa e não gostar de notas que remetam ao cheiro de maçã, por exemplo. O mesmo acontece com todas as outras famílias e subfamílias.

Outra questão é que um perfume pode ser classificado como floral amadeirado, tendo essas notas como dominantes, mas pode conter notas de outras famílias que, mesmo sem dominar a estrutura do perfume, podem deixar uma fragrância desagradável.

Gostar de perfumes florais não significa gostar de todas as notas florais, por isso que adquirir conhecimento com o prazer de praticar é a solução.

SALA DAS PREFERÊNCIAS PRIMÁRIAS

Tabela para preenchimento – tanto para homens quanto para mulheres – após a leitura das instruções.

	Perfumes que mais gosto:		Perfumes que não gosto:	
	1	2	1	2
Dados: fragrantica.com.br				
Notas de saída				
Notas de corpo				
Notas de fundo				

Primeiro, o leitor deverá escolher dois perfumes de grande predileção para seu uso pessoal e de uso atual, e dois que não agradem ao olfato de jeito nenhum. Não é aconselhável escolher um perfume que tenha sido usado há muitos anos, pois, como mencionado aqui em outras estações, o perfume pode ter sofrido alterações de fórmula significativas, como o Miss Dior. Ou, ainda, porque a composição da pele muda – com o envelhecimento, o corpo humano torna-se mais ácido e as características da pele também mudam, como a perda de hidratação e mudanças de outras características químicas relacionadas a uma possível mudança na alimentação que pode alterar, significativamente, as características do suor que também interferem na percepção e evolução de um perfume.

Para organizar esse ambiente, foi criada essa ficha logo na entrada para ser preenchida da seguinte forma: primeiro, é preciso colocar na tabela o nome dos perfumes escolhidos, conforme o exemplo a seguir. Depois, é preciso preencher o nome das notas olfativas que compõem esses dois cheiros de predileção. Como fazer isso? Como fazem os profissionais do mercado: pesquisando nos guias de perfumes, escritos por especialistas, em sites confiáveis sobre perfumes, sites da própria marca e importadoras ou mesmo em uma visita a uma loja com a ajuda de um bom vendedor.

Como recomendação de sites e guias, ótimas dicas estão na bibliografia utilizada durante toda esta viagem e resumida nas últimas páginas do livro.

Ao encontrar os perfumes escolhidos de predileção e desagrado, é necessário preencher os dados, como nos exemplos a seguir (feminino e masculino). Os exemplos são de consumidores reais que colaboraram com este trabalho e tiveram suas identidades preservadas.

É preciso lembrar que não há cheiro bom ou cheiro ruim, mas cheiro que uma pessoa gosta e cheiro que essa mesma pessoa não gosta. Caso essa mesma ficha fosse preenchida por outra pessoa, esses perfumes poderiam estar em lugares de predileção e desagrado invertidos, até porque todas as opções citadas são fragrâncias bem construídas e de ótima qualidade.

As mulheres devem se dirigir às orientações para preenchimento e análise dos exemplos expostos no GRUPO FEMININO e, os homens, para o GRUPO MASCULINO.

GRUPO FEMININO - EXEMPLO

	Perfumes que mais gosto:		Perfumes que não gosto:	
	1. Paloma Picasso Eau de Parfum	2. Eternity – Calvin Klein Eau de Parfum	1. La Vie Est Belle, de Lancôme Eau de Parfum	2. Mel das Flores - Mahogany
Dados: fragrantica.com.br	Chipre Floral Feminino	Floral Feminino	Floral Frutado Gourmet Feminino	Floral Frutado Gourmet Feminino
Notas de saída	Cravo, Néroli, Angélica, Coentro, Bergamota, Limão Verdadeiro, Amalfi e Rosa	Cítricos, Notas Verdes, Tangerina, Frésia e Sálvia	Cassis ou Groselha-preta e Pera	Bergamota, Limão Verdadeiro ou Siciliano e Chocolate
Notas de corpo	Jasmim, Jacinto, Ylang Ylang, Patchuli e Mimosa	Lírio, Cravo, Violeta, Jasmim, Cravo Francês, Lírio-do-vale, Rosa e Narciso	Íris, Jasmim e Flor de Laranjeira	Mel e Bagas Vermelhas
Notas de fundo	Sândalo, Âmbar, Musgo de Carvalho, Vetiver, Civeta, Castóreo e Almíscar	Sândalo, Âmbar, Patchuli, Almíscar e Heliotrópio	Patchuli, Fava-tonca, Baunilha e Pralinê	Baunilha, Caramelo, Fava-tonca e Patchuli

Observando a tabela, é possível ter uma visão geral e bastante coerente do perfil olfativo de predileção e desagrado.

Análise
Neste caso, não foi citado pela pessoa nenhum perfume compartilhável, mostrando-se como uma mulher com gosto centrado em predileções essencialmente femininas. Ambos os perfumes de predileção têm um fundo amadeirado, mas não de forma marcante como ocorre nos perfumes masculinos.

Predileção – nota-se também o gosto por florais e, avaliando as demais notas da composição dos perfumes em sua pirâmide olfativa, destacam-se as notas cítricas, como bergamota e tangerina; a clara presença de flores brancas, flores suaves e, ainda, as notas amadeiradas, como sândalo, musgo de carvalho, vetiver e patchuli.

Desagrado – as duas escolhas são classificadas como frutado gourmet. Perfumes com perfil adocicado, contendo claramente como notas de desagrado o chocolate, cassis, mel e baunilha. Nota-se também que, apesar dessas opções de desagrado conterem algumas notas presentes na sua predileção, como bergamota, jasmim e patchuli, a presença marcante de notas gourmet e orientais doces e a ausência de notas florais como dominantes no perfume gera o desagrado a esse grupo olfativo.

Após essa análise, recomenda-se um exercício prático de avaliação dos perfumes de agrado e desagrado. Caso o leitor não tenha esses produtos em casa, a sugestão é fazer uma visita a uma loja de perfumes ou *showroom*. O objetivo desse exercício é aprender a identificar as notas de agrado e desagrado em outras criações. Por isso é preciso que, com calma, cada uma dessas fragrâncias seja sentida em fitas olfativas para treinar o olfato com a intenção de identificar, aos poucos, pelo menos as principais notas descritas na tabela.

Hora da prática

É aconselhável seguir o ritual:

- Pegue quatro fitas olfativas, que podem ser encontradas em boas perfumarias ou "fabricadas" em casa, corte quatro tiras de aproximadamente 1 cm de largura por mais ou menos 15 cm de comprimento de uma folha de boa gramatura, como cartolina; na ponta de cada uma dessas tiras anote o nome dos 4 perfumes.

- Primeiro, avalie as predileções; na extremidade oposta a do nome, borrife o primeiro perfume, respeitando sempre uma distância de aproximadamente 30 cm da fita. Sinta o cheiro e procure identificar, com calma, suas notas de saída.

- Dobre a fita de modo que o lado onde está o perfume não encoste na mesa ou no balcão onde será apoiada.

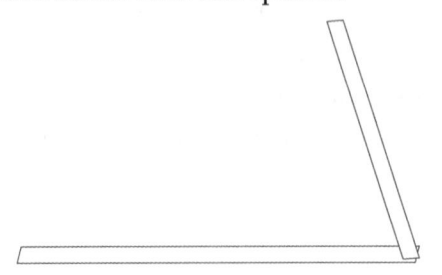

- Em uma folha, anote a percepção tirada da primeira opção de predileção.

Faça o mesmo com o segundo perfume e, em uma folha, anote o que percebe na segunda opção de predileção e trace comparações em relação ao primeiro.

Repita a mesma operação com os dois perfumes do desagrado.

Terminadas as anotações de desagrado, permaneça com as fitas olfativas e faça mais duas observações: uma após 20 minutos e a outra após 4 horas, depois anote as novas comparações.

Após os primeiros 15 ou 20 minutos, como bagagem recebida nesta viagem, as notas de saída mais voláteis deverão ter evaporado e ficarão mais claras as notas de corpo e fundo; após mais ou menos 3 horas, serão percebidas, mais claramente, as notas de fundo.

Em alguns perfumes, ricos em notas densas e com maior concentração de fragrância, como os *parfum* ou as *eau de parfum*, as notas de fundo poderão ser sentidas ainda no dia seguinte.

Nesse exercício, como adicional de autoconhecimento, é interessante deixar a memória olfativa livre para se manifestar tanto nos perfumes de preferência quanto nos de desagrado.

Pós-análise
Descoberta a classificação olfativa e as principais notas de predileção e desagrado, é chegado o momento de ampliar o repertório perfumístico, descobrindo outros perfumes com o perfil olfativo semelhante e que também possam agradar a essa pessoa. E será muito bom elevar as variações na construção, abrindo possibilidades para adequar essa preferência olfativa com perfumes indicados para as mais diversas ocasiões.

No exemplo citado, para usar em dias mais quentes, essa pessoa poderá gostar, e será muito adequado ter em casa um perfume na concentração *eau de toilette* ou *eau de cologne*, com a presença um pouco mais marcante de algumas de suas notas de predileção com notas cítricas ou de flores (flores brancas), ou ainda notas de madeira suave.

Seria interessante, por exemplo, experimentar o Ô, de Lancôme, uma *eau de toilette* cítrica, leve e elegante, com notas de saída cítricas de bergamota, limão, mandarina e petitgrain; de coração, jasmim, alecrim, madressilva e muguet; e, de fundo, âmbar, musgo de carvalho, vetiver e musk. Um perfume para mulheres dinâmicas e modernas, para um dia de verão alegre e relaxante.

Outra variação a ser experimentada são perfumes mais intensos para a noite, dentro desse perfil olfativo, como, por exemplo, variações do Paloma Picasso, um Chipre Clássico, lembrando que o acorde Chipre, conforme bagagem adquirida e na descrição das notas, é composto prioritariamente por bergamota, patchuli e musgo de carvalho.

Nessa linha, a variação para um Chipre floral, como Chance Eau Fraîche, um flanker do Chance, da Chanel, sem as notas de baunilha do original, mais leve, composta por uma saída cítrica de limão verdadeiro ou siciliano e cedro; no coração de pimenta-rosa, jacinto d'água e jasmim; e notas de fundo de madeira de teca, íris, âmbar, patchuli ou oriza, vetiver e almíscar branco.

Em alguns sites de lojas on-line, quando o consumidor encontra uma fragrância, o próprio sistema já indica perfumes de perfil olfativo semelhante. Essas podem ser boas ferramentas para elevar o repertório.

Essa pessoa poderá gostar, ainda, de outros Chipres com perfil *eau de parfum* para a noite, como o clássico Femme, de Rochas, ou um Chipre mais moderno, como Miss Dior Cherie – um dos flankers do clássico Miss Dior – uma boa variação olfativa.

Entre os compartilháveis, seria interessante experimentar um cítrico com madeiras, como o Acqua di Parma Colonia, com saída cítrica de limão, laranja e Bergamota; no coração, com rosa, lavanda, cidreira, sálvia e alecrim; e, no fundo, com as madeiras sândalo, vetiver, musgo de carvalho e patchuli.

As notas de desagrado indicam que essa pessoa irá fugir de perfumes com notas gourmets, como o Black XS for Her, de Paco Rabanne (chocolate), Valentina, de Valentino (baunilha), Angel, de Thierry Mugler (caramelo) e Candy, da Prada (caramelo). Deverá, ainda, tomar cuidado com perfumes orientais com foco em notas de baunilha, que adoçam o perfume.

GRUPO MASCULINO - EXEMPLO

	Perfumes que mais gosto:		Perfumes que não gosto:	
	1. Terre d'Hermès Colonia	2. Déclaration Cartier Eau de Fraîche	1. A* Men, Mugler	2. CK One, Calvin Klein
Dados: fragrantica.com.br	Amadeirado Especiado	Amadeirado Floral Especiado	Oriental Amadeirado	Cítrico Aromático Compartilhável
Notas de saída	Laranja e Toranja	Artemísia, Alcarávia, Coentro, Vidoeiro, Tangerina, Bergamota, Néroli e Laranja Amarga	Coentro, Lavanda, Notas Verdes, Notas Frutadas e Especiadas, Hortelã e Bergamota	Abacaxi, Notas Verdes, Tangerina, Mamão Papaia, Bergamota, Cardamomo e Limão Verdadeiro ou Siciliano
Notas de corpo	Pimenta e Pelargonium (Gerânio)	Gengibre, Canela, Pimenta, Zimbro, Raiz de Orris ou Lírio Florentino, Jasmim e Cardamomo da Guatemala	Mel, Patchuli, Jasmim, Leite, Caramelo, Lírio-do-vale e Cedro	Violeta, Raiz de Orris ou Lírio Florentino, Jasmim, Lírio-do-vale e Rosa
Notas de fundo	Patchuli e Cedro	Couro, Âmbar, Chá, Vetiver do Taiti, Musgo de Carvalho e Cedro	Sândalo, Fava-tonca, Âmbar, Patchuli ou Oriza, Almíscar, Benjoim, Baunilha e Café	Sândalo, Âmbar, Almíscar, Cedro e Musgo de Carvalho

Assim como no exemplo feminino, observando a tabela, é possível ter uma visão geral e bastante coerente do perfil olfativo de predileção e desagrado.

Análise

Como é normal encontrar em perfumes masculinos, tanto as opções de predileção quanto as de desagrado têm fundo de madeira. A grande diferença é que nas duas opções de desagrado as madeiras não predominam na fragrância, como nos dois perfumes de predileção.

Predileção

Terre d' Hermès é um perfume elegante, lançado em 2006 e criado por Jean-Claude Ellena, vencedor do prêmio máximo da perfumaria mundial, o FF Awards Fragrance Of The Year Men's Luxe 2007. Déclaration, de Cartier, é um perfume disponível nas versões *eau de toilette* e *eau de fraîche*, lançado em 1998, e também criação do perfumista Jean-Claude Ellena, no período anterior ao seu cargo como perfumista exclusivo da marca Hermès, em 2004.

Nas opções de predileção, os dois perfumes têm, no coração, notas de pimenta que aquecem a fragrância e que combinam muito bem com as madeiras. Harmonia que deixa o perfume bem masculino e elegante.

Desagrado

O perfume A*Men Mugler é um oriental amadeirado. A versão masculina de Angel, de Thierry Mulger, com madeira que faz fundo para notas florais e, especialmente, gourmets e orientais, como baunilha, adocicam a fragrância e, não raramente, se sobrepõem às madeiras, dando ao perfume um cheiro doce que desagrada esse consumidor. Notas de café também marcam essa fragrância, nota olfativa que, não raramente, desagrada muitos consumidores.

O segundo perfume de desagrado, o CK One, marcou a perfumaria por formular, em alta porcentagem, as notas cítricas, o que faz com que as madeiras de fundo não sobressaiam como, pela análise dos agrados, que essa pessoa gosta.

A maior proporção das notas de saída destaca também as notas frutais de mamão e abacaxi que fazem parte desse grupo mais volátil e, possivelmente, também acentuam as características que não agradaram a essa pessoa.

Hora da prática
Seguir o mesmo método orientado no exemplo de análise para perfumes femininos.

Pós-análise
Descoberta a classificação olfativa e as principais notas de predileção e desagrado, é hora de ampliar o repertório perfumístico; descobrir outros perfumes com o perfil olfativo semelhante, que também aumentam as chances de ser agradável e possam agradar a essa pessoa. E será muito bom elevar as variações na construção, abrindo possibilidades para adequar essa preferência olfativa com perfumes indicados para as mais diversas ocasiões.

No exemplo citado, ambas as fragrâncias de predileção são perfumes bastante intensos para uso em dias mais frios ou à noite. É curioso lembrar que as notas de pimenta podem ainda elevar o desempenho sexual por ser vaso dilatador. Notas picantes são sempre associadas à sensualidade masculina.

Como predileção, tem-se a família olfativa amadeirada, com toque de especiarias, especialmente de pimenta.

Para ter uma opção menos intensa, esse consumidor poderá gostar, e será muito adequado ter em casa outro perfume na concentração *eau de cologne* (ou *eau de fraîche*) com notas de sua predileção. Como sugestão, o perfume Eau de Cologne Pimenta Preta, masculino, do designer Korres, um Fougère especiado, para testar o gosto pela família Fougère, que costuma agradar aqueles que apreciam as notas de madeira. Uma fragrância rústica e picante que combina com as notas amadeiradas e especiadas. Um perfume intenso, mas mais leve pela concentração *eau de cologne*.

Entre os nacionais, a sugestão é o Amó Provoca, da Natura, com pimenta preta, bergamota e tangerina, como notas de saída; notas de coração, trevos, canela, cardamomo e café; e, de fundo, sândalo.

As notas de desagravo servem para que esse consumidor fuja de perfumes masculinos com notas gourmets, tais como o Black XS, masculino, de Paco Rabanne (chocolate), Valentino, de Valentino (couro gourmet com grãos de café torrados, chocolate e avelã), Pi, de Givenchy (amêndoas açucaradas) e Candy, da Prada (caramelo).

SALA DAS NOVAS POSSIBILIDADES

Após ampliar o repertório perfumístico dentro das preferências olfativas detectadas na observação das notas de predileção e desagrado, é possível encontrar novas notas olfativas que sejam também agradáveis a cada um, lembrando que a *palette* de um perfumista tem mais de 3 mil ingredientes. Há um imenso universo de fragrâncias e novas descobertas para consumidores especialistas em perfumes explorarem e se deliciarem.

A sugestão é identificar aspectos da própria personalidade ou tipos de ambientes e eventos sociais que cada pessoa frequenta, analisar o perfil dos perfumes sugeridos e experimentar essas novas possibilidades.

São muito comuns os estudos que associam a personalidade das pessoas ao seu perfil olfativo. Conforme conhecimento da segunda estação desta viagem, sobre o olfato e formas de gravar emocionalmente os cheiros, fica mais fácil compreender as razões que levam cada pessoa escolher um ou outro perfume.

Além da memória olfativa, as preferências olfativas também têm forte relação com a forma que cada pessoa se expressa, assim como na escolha das roupas que usa e ambientes que frequenta.

Da mesma maneira que não se espera que um homem discreto vá caminhar em um parque com bermuda florida, camisa neon e chinelo colorido, não se pode imaginar que esse homem use um perfume de grande expansão, com notas intensas e chamativas.

Apesar de exemplificar, esta etapa da viagem não pretende ser um guia de perfumes, oferecendo "peixes", mas uma vara de pescar que ensine cada um a encontrar suas predileções, orientar novas possibilidades e ensinar sobre as opções de perfumes adequados a cada ocasião, utilizando conhecimento e prática olfativa.

Com toda a certeza, não será possível contemplar todos os estilos e personalidades.

Apesar de o estilo de vida de cada um sofrer forte influência da personalidade, cada pessoa pode viver diversos estilos em um único dia. Por essa razão, muitos especialistas não são adeptos de perfumes que durem mais de oito horas, justamente para o consumidor poder usar um perfume para o trabalho e, de noite, escolher outra fragrância adequada a um jantar a dois, por exemplo.

Os perfumes devem ser como as roupas no armário, escolhidos de acordo com o gosto e personalidade de cada um, mas devem também combinar com o estilo da atividade que será executada durante o dia.

Uma mulher com perfil executivo pode perfeitamente praticar exercícios à noite ou nos fins de semana em um parque com os filhos. Para estilos diferentes de atividade deve-se utilizar um perfil diferente de fragrância, dentro do gosto olfativo de cada um.

Por isso, é aconselhável que se tenha na penteadeira mais de um perfume, assim como um closet dos sonhos deve ter roupas adequadas para diversas situações.

Os perfumes podem ter diferentes perfis que combinem com o gosto e personalidade de cada um, mas também com a ocasião.

Essa sala de novas possibilidades é extremamente adequada também para descobrir opções de perfumes dentro do perfil olfativo de outras pessoas e, assim, auxiliar na escolha de perfumes para presentear.

Basta saber o perfil de sua personalidade e, principalmente, os lugares e estilo de vida da pessoa para encontrar um perfume que agrade. Por exemplo, uma mulher que pratique atividade física com certeza gostará de um perfume na versão *sport*, adequado para essa atividade.

NOVAS POSSIBILIDADES PARA MULHERES

Em relação ao paladar, cada um tem um prato predileto. Quando há, por exemplo, uma clara preferência por carne, não significa que essa pessoa não vá gostar de sair para comer uma pizza com amigos. Com os perfumes ocorre o mesmo.

Cada um tem uma preferência, que normalmente é influenciada pela sua personalidade, memórias olfativas ou estilo de vida. Dentro dessas preferências pessoais, o perfume deve também ser adequado a cada ocasião.

Através do perfume, comunica-se seriedade, jovialidade, sensualidade, enfim, é possível transmitir o que é importante ou necessário sobre a própria personalidade. É importante saber que o olfato pode influenciar, mesmo de forma inconciente, a opinião das pessoas a seu respeito. É preciso usar um perfume adequado a cada ocasião como uma ferramenta que pode dizer muito às pessoas.

Por essa razão, para tornar-se um *parfum prosumer*, é indispensável conhecer qual perfil olfativo combina com determinados estilos de vida e, principalmente, ocasiões. É preciso saber escolher o perfume mais adequado para comunicar aquilo que é preciso no momento, de acordo com o clima e objetivo do evento.

A ideia, nesta breve seleção de personalidades, estilos e ocasiões, é apresentar, na sequência, tipos e situações bem diferentes. Além de conhecer quais famílias olfativas e perfumes são sugeridos para cada situação, o mais interessante é refletir sobre as notas mais adequadas e preferidas de cada um. A partir daí, é interessante que, por analogia, seja possível avaliar, pela sua personalidade e ambientes em que vive, qual é o perfil dos perfumes ideais para cada um.

Todas as pessoas, não importa seu estilo ou personalidade, frequentam locais variados, como, por exemplo, uma executiva que sai para baladas ao final do dia e, nos finais de semana, aproveita passeios ao ar livre e precisa ir a festas de casamento ou almoços familiares. É necessário conhecer cada item dos tipos citados a seguir para construir, aos poucos, uma penteadeira cujas opções combinem com as mais diversas ocasiões, como as roupas em um closet.

Executivas
Mulheres que convivem em escritórios costumam ter uma personalidade bastante objetiva e prática para dar conta das tarefas de um dia a dia repleto de compromissos e em um ambiente mais masculino. É preciso lembrar também que os escritórios são, normalmente, locais fechados onde as pessoas permanecem por muito tempo respirando um mesmo ar. Não é lugar para uma mulher demonstrar seu lado sensual ou ousado. A sugestão é, definitivamente, não causar impacto. Em vez disso, as executivas ou demais profissões que atuam nesses ambientes devem comunicar foco nos seus objetivos profissionais. Assim como as roupas, o perfume também comunica a capacidade e adequação de uma pessoa ao cargo que ocupa. Por essa razão, muitas mulheres em atividades e ambientes empresariais optam por usar perfumes masculinos para transmitir força e seriedade, mas há opções femininas muito adequadas para esse ambiente.

Uma boa sugestão entre os femininos é experimentar perfumes de classificação Chipre, especialmente os modernos, que carregam a leveza da bergamota com coração floral e fundo amadeirado, como o Ricci Ricci, de Nina Ricci, ou um floral amadeirado feminino, como Coco Noir, de Chanel, com coração de jasmim e fundo denso de madeiras. Perfumes unissex, que não sejam cítricos (mais informais), mas que tenham uma personalidade mais marcante, como o Voyage d' Hermès, um amadeirado floral almiscarado ou Un Jardin en Méditerranée, um floral aquático, também da Maison Hermès.

Românticas
Por que uma executiva não pode ser romântica? Claro que pode! A vida pessoal fica fora do escritório e é nos ambientes mais íntimos que as mulheres se sentem seguras para comunicar, pelo perfume, seu lado mais amoroso. É o perfume para ser inspirado pelo homem da sua vida.

Para as românticas, ou para qualquer mulher que deseje viver e despertar romantismo em algum momento de sua vida, em um ambiente a dois ou em eventos familiares, a dica é usar perfumes femininos compostos por um buquê de flores, como o Romance, de Ralph Lauren, um floral com notas de rosa, violeta branca, lírio, cravo e lótus, ou um floral frutal, que combine a leveza das flores com notas de frutas, como o Trésor, de Lancôme, um perfume com notas florais e frutas frescas.

Mesmo dentro de um buquê de rosas é possível expressar diferentes personalidades. Assim como cada mulher tem sua flor predileta, e isso conta muito sobre elas, há também uma nota floral predileta. É preciso encontrá-la. As mais intensas vão preferir a presença marcante das flores brancas, as mais delicadas, o cheiro aveludado das notas de violeta ou orquídea.

Em oposição ao estilo executivo, que objetiva comunicar força em situações em que isso é necessário, esse é o perfume para as situações em que a mulher tem vontade de demonstrar seu lado mais feminino.

Discretas
Assim como as mulheres discretas optam por uma roupa que não atrai olhares, elas tendem a escolher perfumes de pouca expansão e mais suaves, principalmente em ambientes desconhecidos, palestras ou salas de aula. Verdes e florais leves podem agradá-las. E para todas as mulheres estarem bem perfumadas em situações em que a discrição deve ser a regra, uma sugestão elegante é o perfume Eau de Cartier Goutte de Rose, uma fragrância que combina com alegria suave e leve. Outra sugestão é Un Jardin sur le Toit, da Maison Hermès. Uma fragrância verde, levemente frutada, que com certeza marcará a presença feminina de forma tão discreta quanto um vestido elegante de corte reto acompanhado de uma delicada echarpe.

Extravagantes
Algumas mulheres gostam de perfumes tão marcantes quanto sua personalidade. Mas nada impede que qualquer mulher, mesmo as executivas, esportistas ou tímidas, tenha seu momento ou fase mais extravagante.

Os florais orientais ou especiados são os que mais combinam e costumam agradar esse estilo. São indicados para a mulher que busca uma presença olfativa forte. Porém são perfumes adequados para uso noturno, com temperatura mais amena.

Os perfumes extravagantes tradicionais são: Lou Lou, de Cacharel, um oriental esfumaçado com baunilha, ameixa, canela e amêndoas; Poison, de Dior, um ícone dos anos 1980, oriental com incenso e frutas intensas. Uma definição perfeita desse perfume é a do especialista Daniel Barros: "Poison pode ser comparado àquelas criações de alta-costura surreais e construídas apenas para mostrar um conceito, maiores do que a vida real".

Quando se trata de perfume, os extravagantes pedem muito cuidado para não chamarem a atenção de forma negativa.

Muitos desses perfumes, com notas mais intensas, reagem mal ao calor. Assim, para as extravagantes continuarem marcando presença de forma positiva, ou para as tímidas, que não suportam perfumes doces mas desejam mudar um pouco, a dica é experimentar versões *eau de toilette* ou *eau de cologne* de perfumes orientais florais ou mesmo pesquisar por flankers mais leves dos perfumes extravagantes. Uma sugestão é o Pure Poison, que pode ser uma ótima opção para substituir o original durante o dia, ou para as que desejam chamar a atenção em um momento ou outro, sem usar um perfume que as desagradem.

Sofisticadas
Vale lembrar que sofisticação não tem nada a ver com pedantismo ou arrogância. Uma mulher sofisticada sabe se comportar, se vestir e se perfumar nas mais diversas ocasiões. O perfume para mulheres em ocasiões sofisticadas, como casamentos, jantares ou apresentações mais formais, tem que ser a justa medida entre o glamoroso discreto ou casual. Não pode ser informal como um cítrico, tímido como uma lavanda, ou simplesinho como um floral de flores do campo, tampouco extravagante e sensual como aqueles que bebem na fonte dos incensos, caramelos, chocolates ou notas resinosas intensas demais.

Perfumar-se de forma sofisticada é chocar na justa medida: com personalidade, promovendo um impacto calculado, como o da beleza estonteante, e maquiada na medida.

Figuram na lista para esse tipo de mulher os perfumes Chipre: florais amadeirados, especialmente os de flores brancas, e, é claro, os aromáticos. Um exemplo indelegável de sofisticação está na criação de Jean-Claude Ellena para a luxuosa Maison Hermès, o Jour d' Hermès, um floral (flores brancas) com fundo musk (almíscar) e madeiras. Esse perfume tem uma saída frutada e levemente cítrica de limão siciliano e toranja, e coração elegante de flores brancas com jasmim e gardênia. Um luxo que exemplifica perfeitamente a sofisticação, símbolo da marca Hermès. Outra sugestão é o lançamento de Eros pour Femme, de Versace. Eleito como um dos melhores do mundo pelo FF Awards de 2016, Eros pour Femme é também um perfume floral amadeirado almiscarado, com notas de saída contendo limão siciliano, bergamota da Calábria e romã, que abrem caminho para um buquê de flores brancas com dois tipos de jasmim e peônia, com um fundo de madeira e sândalo compondo muito bem com notas animálicas de Ambroxan (âmbar) e almíscar.

Casuais ou esportivas

As mulheres casuais nem sempre são esportivas, mas elas têm em comum um estilo dinâmico de levar o dia a dia com praticidade. Assim como na maneira menos formal de se vestir, elas podem ter um perfil olfativo em comum. Tanto as casuais como as esportivas são mulheres normalmente muito ativas, que dispensam rococós por um dia a dia mais dinâmico.

Em momentos casuais ou passeios ao ar livre, os perfumes devem combinar com composições tão casuais quanto o momento, terem uma estrutura clean, leve e sem muitos acordes.

Amadeirados, orientais ou gourmets são densos e inspiram movimentos mais lentos e, quando acompanhados da prática de esportes, projetam ao redor um cheiro denso e desagradável quando aquecidos com a elevação da temperatura do corpo e do sol.

O perfume para esportistas, estilo ou situações casuais, deve ser composto por notas frescas tão dinâmicas quanto o movimento do corpo, como as cítricas, aquáticas, com notas de flores leves, como lavanda ou notas herbais.

Vale lembrar que, especificamente para a prática de exercícios ao ar livre e exposição ao sol, a especialista Sonia Corazza recomenda dar preferência pelos perfumes verdes e alavandados, evitando os cítricos que podem causar uma reação com a pele ao sol.

De uma forma geral, para estilos e eventos casuais bons exemplos são a versão feminina do Cool Water, de Davidoff, o CK One, de Calvin Klein, o Ô, de Lancôme, e o floral alavandado e extremamente tradicional Yardley, de English Lavander. Para usar numa festa à noite, as casuais podem marcar seu estilo com um floral aquático mais encorpado, na versão *eau de parfum*, como o CH Marine, de Carolina Herrera. Leve e muito elegante.

Vale ressaltar que a versão sport dos perfumes veio atender justamente o desejo das mulheres que praticam esportes e de estilo esportivo ou casual, com composições leves de ótimos perfumes que tiveram suas notas densas de madeira ou resinas reduzidas ou substituídas por notas de frutas, flores, especiarias leves ou notas aquáticas. Burberry Sport for Women é um bom exemplo dessa linha, que ganhou um frescor dominante do gengibre e da brisa marinha.

NOVAS POSSIBILIDADES PARA HOMENS

Por ser importante estar bem perfumado nas mais diversas ocasiões do dia, agora é o momento de ampliar a penteadeira com novos perfumes, dentro do gosto olfativo de cada um, porém adequados a cada momento.

EXECUTIVOS

Em um escritório, o homem precisa comunicar competência e inspirar confiança. Nessas ocasiões, é necessário fugir dos perfumes informais como os cítricos florais, dos "divertidos" como os gourmets, ou envolventes como os orientais. É o momento de mostrar, olfativamente, a competência profissional.

Bastante presente nos escritórios é o clássico Armani Eau pour Homme, de Giorgio Armani, um cítrico aromático elegante, com fundo bem elaborado de sândalo, patchuli, almíscar, musgo de carvalho, vetiver e cedro.

Outra opção, também muito habitual entre executivos e empresários, é o Bvlgari pour Homme, um amadeirado floral almiscarado, com notas de saída de aldeídos, lavanda, tangerina, chá, flor de noz-moscada, bergamota e flor de laranjeira; notas de coração de cyclamen (flor do Oriente Médio com toque floral doce), coentro, cravo, íris, pimenta, madeira Guaiac, pau-brasil, gerânio e cardamomo e as notas de fundo de fava-tonca, âmbar, almíscar, musgo de carvalho, vetiver e cedro.

E para os que gostam de sair do cheiro que todo mundo conhece, a sugestão é o perfume italiano Jacomo de Jacomo, um amadeirado especiado, com notas de lavanda, cardamomo, lima, grapefruit, gerânio, canela, cravo, patchuli, musgo, cedro, íris e almíscar. Esse perfume é para homens urbanos, maduros e seguros de si. Ótima opção para acompanhar executivos em escritórios e ambientes de trabalho.

Românticos

Neste momento, é preciso não confundir os românticos com os sedutores. O perfume dos sedutores é aquele para atrair a mulher, marcar presença, e está mais para o perfil dos extravagantes. Esse perfume pode ser mais doce e chamativo. Já os românticos desejam o amor. É o perfume para ser inspirado por aquela mulher que fará suas pernas tremerem, que continuará desejando por toda a vida. Não pode ser enjoativo e deve marcar e comunicar a personalidade do homem no momento em que expressa seu amor.

A dica aqui é encontrar um amadeirado, Fougère ou couro, com um fundo mais suave para a pura manifestação do amor nas notas de corpo e de saída. Um bom exemplo é a versão masculina do perfume Romance, de Ralph Lauren, amadeirado aromático, com uma saída que reflete a delícia do tremer das pernas, de notas que ajudarão os românticos a não perderem o fôlego, como a laranja e a tangerina, com o toque energizante do ginseng, compondo com o calor do cassis, sem esquecer da suavidade da lavanda. No coração desse perfume mora a pura expressão do homem quando ama: a suavidade das flores que ele desejará mandar a ela, como lírios, rosas e o colorido gerânio, compondo com notas aromáticas, como o tempero que o amor trará à sua vida, como as notas de manjericão, salsão, açafrão e cardamomo (que tem um cheiro contraditório como o amor: doce e balsâmico e, ao mesmo tempo, picante e refrescante). E, para finalizar, as notas de fundo, aquelas que ficarão no lençol – são mais fortes, como o homem que tem coragem de amar: pinheiro, patchuli, almíscar, musgo de carvalho e vetiver.

Discretos

Assim como os homens discretos escolhem uma roupa que não chame a atenção, eles tendem a escolher perfumes de pouca expansão, que podem comunicar sua personalidade, mas sem alarde. O ideal, quando esse é o objetivo, é optar por um *eau de cologne*.

Numa palestra ou em uma sala de aula é extremamente desconfortável as pessoas terem ao seu lado, por horas, um Don Juan cheirando a perfume de balada. É hora de ser discreto. O objetivo das pessoas é manter a atenção no palestrante e no conteúdo que ele está transmitindo.

Para os homens que são naturalmente discretos ou precisam ser em alguma ocasião, é hora de usar um perfume que não deixa de expressar seu gosto, mas que seja leve. Um perfume que, seguramente, agradará a todos e, dessa maneira, o homem fará um bonito papel.

Hora de pegar um aromático suave, verde ou um amadeirado floral. A ideia é perfumar-se de forma discreta. Uma sugestão elegante, que pode agradar muito, é o perfume Versace pour Homme, um aromático Fougère masculino com notas de saída frescas com limão verdadeiro, néroli (flor de laranjeira), bergamota e rosa de maio, notas de coração de flores, especiarias e madeiras leves, como jacinto, gerânio, sálvia, esclareia e cedro, e de fundo de fava-tonca, almíscar e âmbar.

Entre os unissex pode-se indicar o 4711 Cologne, um cítrico aromático tradicionalíssimo, com uma saída de laranja, pêssego, manjericão, bergamota e limão verdadeiro; um coração com notas leves de Cyclamen, lírio, melão, jasmim e rosa búlgara; as notas de fundo de patchuli ou oriza, vetiver do Taiti, almíscar, sândalo, musgo de carvalho e cedro.

Extravagantes
Para atrair olhares na multidão, um perfume tem que ter longo alcance e projetar sua marca. Deve ter uma fragrância que mostre a força e a coragem do homem que a carrega, e, claro, seu poder de ser envolvente. Esta é a hora de ser ousado, também olfativamente, então vale arriscar um oriental com madeiras fortes ou especiarias dominantes.

A sugestão é 1 Million, de Paco Rabane, um tanto sintético como os momentos de sedução em baladas, onde ninguém mostra quem realmente é. Um perfume amadeirado especiado capaz de encantar com uma saída de toranja, hortelã e tangerina sanguínea, um coração de pura sedução com rosa, canela e notas especiadas, e um fundo forte com couro, madeira, âmbar e patchuli indiano.

Outra opção é o oriental Fougère de Jean Paul Gaultier, com notas de topo frescas de artemísia, lavanda, hortelã, bergamota e o sedutor cardamomo; notas de coração com alcarávia, flor de laranjeira e canela; e um fundo marcante de sândalo, fava-tonca, âmbar, cedro e a finalização oriental da baunilha.

Sofisticados
Ao falar em sofisticação masculina, é preciso destacar que o homem sofisticado, assim como a mulher, nada tem de arrogância ou pedantismo. Para ser sofisticado é preciso estar vestido e perfumado de forma adequada nas mais diversas ocasiões.

O perfume para homens sofisticados deve ser cheio de presença festiva e ter equilíbrio entre o glamoroso e o casual. Um perfil que evita ser informal como os cítricos, tímidos como os verdes, ou simplesinho como as flores leves. A sofisticação pede que se evite também o perfil extravagante e sensual, com perfumes incensados, gourmets ou resinosos demais.

Perfumar-se de forma sofisticada é ter a justa medida para marcar sua personalidade de forma elegante.

Figuram nesta lista os masculinos Chipre, Fougère, amadeirados, couros e aromáticos, em criações bem-estruturadas e em concentração adequada a cada ocasião.

Exemplos de sofisticação para homens são os dois perfumes analisados anteriormente, no perfil olfativo masculino, ambos criações do perfumista Jean-Claude Ellena: Terre d' Hermès, capaz de causar o impacto na medida exata da sofisticação que marca presença, e o Déclaration, mas a versão *eau de toilette*, de Cartier, um amadeirado floral aromático (especiado), com saída fresca e incomum, um coração com suaves especiarias e flores, finalizando com um fundo de couro e madeiras. Um perfume para ser explorado calmamente. Vale conhecer, também, seus flankers (Déclaration Essence e a *eau de fraîche*) e escolher.

Casuais ou esportivos

Um dia no parque, uma caminhada na praia, um passeio de bicicleta. Ninguém precisa, necessariamente, ser atleta para ter um estilo esportivo. Praticar esportes pode ser um hábito diário ou apenas um lazer nos fins de semana, com uma caminhada ou um jogo no parque com os filhos.

O estilo de vida esportivo é característico de pessoas dinâmicas e o perfume precisa acompanhar esse ritmo. É preciso esquecer os amadeirados e ambarados do escritório ou os gourmets e orientais das baladas. Cada um deve fazer isso por si próprio e por quem estiver ao seu lado. E isso vale para quem não pratica esportes, mas tem um dia a dia típico das pessoas aceleradas.

Perfumes densos não combinam com situações casuais, com movimento e muito menos com suor e sol. O calor faz as notas densas exalarem ao redor, projetando um cheiro que faz quem estiver ao lado ter vontade de mudar de lugar para respirar um pouco.

Mas como o marketing surgiu justamente para entender e atender às necessidades das pessoas, com o aumento do número de adeptos de uma vida mais casual e saudável, em todo o mundo, surgiram os flankers *sports* dos perfumes tradicionais, criados para a prática de exercícios. Eles trazem notas dinâmicas, que dão energia em vez de tirar, e combinam perfeitamente com estilos esportivos e casuais ou com os momentos mais informais do dia.

De uma forma geral, as colônias leves, cítricas ou verdes são as mais indicadas para ambientes informais frequentados por todos, em algum momento da semana. Um executivo, por exemplo, tem que ter suas opções prediletas para o trabalho, mas também uma versão *sport* ou uma *eau de cologne* leve para a ida à academia, para uma caminhada ou simplesmente um passeio casual com a família num almoço de fim de semana.

Algumas boas opções são: Bvlgari Acqua pour Homme Review; Burberry Sports, Dior Homme Cologne e Polo Sport, de Ralph Lauren.

PERFUMES QUE CURAM O CORPO E A ALMA

Desde a Antiguidade o homem usa os cheiros em rituais de cura e proteção. Em 1989, o Sense of Smell Institute de Nova York, Fundação para Pesquisa do Olfato, criou o termo "aromachology" para descrever o estudo das inter-relações entre o olfato e seus efeitos psicofisiológicos, também chamado de perfumaria funcional.

Por essa razão, na segunda estação desta viagem foi apresentada a estrutura do olfato e suas ligações com as mais primitivas emoções humanas, desde os tempos dos homens primatas, mostrando as razões de os cheiros estarem tão ligados às memórias olfativas e às sensações humanas.

Com o objetivo de estudar e compreender os efeitos positivos causados pelas fragrâncias nas emoções e no humor, estudos científicos em todo o mundo reúnem dados a fim de orientar e comprovar seus efeitos.

Para a perfumaria, esses dados auxiliam na criação de perfumes capazes de tocar o coração das pessoas de forma a estimular a sensação de paz, harmonia e alegria, promovendo emoções positivas através do uso do olfato para conectar as pessoas aos seus mais pessoais sentimentos de alegria e bem-estar.

Para apresentar esse tema, recorre-se aos conhecimentos de uma verdadeira mestra em perfumaria funcional, a cosmetóloga Sonia Corazza. A aromaterapia ajudará ainda mais na composição de opções, não apenas adequadas a cada ocasião, mas também a entender como cada perfume pode influenciar positivamente o estado emocional.

Muito se fala que aromaterapia é um conceito que se vulgarizou como uma terapia alternativa com muito pouca ciência. Por essa razão, Sonia Corazza defende o conceito de aromacologia, ou perfumaria funcional, por ser uma ciência associada aos cheiros ou aos aromas, diferenciando-a da popular aromaterapia da seguinte forma:

AROMACOLOGIA	AROMATERAPIA
Conceito baseado em dados científicos e sistemáticos, sob condições controladas	Conceito baseado em uso tradicional de óleos essenciais e ervas
Estabelece os efeitos dos aromas no comportamento humano, através de experimentos científicos reprodutíveis	Estabelece os efeitos terapêuticos baseados no uso ancestral
Abrange somente os efeitos psicológicos do estímulo olfativo	Abrange os efeitos psicológicos do Estímulo olfativo e farmacodinâmico da absorção transdermal
Mede os efeitos de combinações naturais e sintéticas	Usa somente ingredientes naturais

Segundo Sonia Corazza, "uma das estruturas mais antigas do organismo, a parte do cérebro que é destinada primitivamente ao olfato, evoluiu, e hoje controla emoções e outros aspectos do comportamento. Por essa razão, os cheiros estão tão ligados às memórias olfativas e às sensações humanas"[96]. Por isso, pelo olfato é possível obter-se uma forte conexão neurológica com o emocional humano, sendo possível elevar a sensação de bem-estar, estimular o ânimo, estabelecer um estado de paz ou excitação.

Assim, mesmo sem nenhum conhecimento científico, desde a Antiguidade o homem faz uso de óleos essenciais para meditar, louvar e buscar a cura de doenças.

O olfato, como todos os outros sentidos, é um canal de comunicação com o interior do corpo humano e com forte conexão com os aspectos emocionais. Dessa forma, assim como há músicas capazes de acalmar ou motivar, há também cheiros capazes de influenciar estados de calma ou excitação. Assim como existem remédios feitos em laboratórios que são ministrados via oral e alimentos e remédios naturais que, conhecidamente, fazem bem à saúde, existem remédios elaborados para serem aspirados, via nasal, e também cheiros naturais que, desde a Antiguidade, são usados para tratar doenças e influenciar beneficamente o estado físico e emocional dos seres humanos.

Com finalidade terapêutica, nos estudos da aromacologia, os óleos essenciais, matérias-primas da perfumaria, são utilizados através de vários métodos de aplicação: compressa fria, cremes e loções, máscara facial e óleos corporais.

Nesta estação de conhecimento serão apresentados apenas alguns aspectos da perfumaria funcional, ligados aos óleos essenciais mais utilizados na composição dos perfumes.

No dia a dia, os usuários de perfumes podem usufruir desse conhecimento com o objetivo de escolher perfumes com óleos essenciais que possam contribuir positivamente com um estado de espírito desejado para determinados aspectos emocionais.

Uma das pessoas que mais estudam essa área é Eva Heuberger, da Univer-

---

[96] CORAZZA, Sonia. *Aromacologia - uma ciência de muitos cheiros*. Editora Senac. São Paulo, 2014.

sidade de Viena, na Áustria. Segundo a dra. Heuberger, o odor de fragâncias pode mudar o comportamento, o humor, o apetite e o sono dos seres humanos. Cientistas, inclusive da brasileira Natura, descobriram que alguns aromas agradáveis não só reduzem o estresse, como modificam o comportamento sexual das pessoas, melhoram o humor e combatem a depressão. O de alecrim, por exemplo, é excitante, podendo aumentar o arrojo sexual, enquanto que o de lavanda é relaxante e proporciona melhor qualidade do sono. Ambos têm efeito antidepressivo. Aproveite os efeitos da aromacologia para ativar determinadas áreas do sistema límbico, que processa emoções, e do hipotálamo, que controla a maioria das funções endócrinas e vegetativas (involuntárias) do corpo".

Sendo assim, na sequência estão listadas dez notas olfativas bastante utilizadas em perfumes, conforme classificação olfativa conhecida na segunda estação desta viagem, com descritivo dos benefícios psicofisiológicos que podem gerar por suas características fragrantes.

1. LAVANDA – estimulante do sistema respiratório. É utilizada para acalmar as emoções e a mente. Nota olfativa de grande volatilidade utilizada como nota de saída em diversas criações, desde perfumes de massa até águas de lavanda ou colônias leves, nacionais ou importados, e também em muitos perfumes nacionais e internacionais, tanto masculinos quanto femininos, como o Dior Homme Intense, Christian Dior Masculino.

Utilizar perfumes de lavanda em dias que se deseja combater a ansiedade pode ser uma saída natural e muito prazerosa de se acalmar e controlar positivamente as emoções.

2. BERGAMOTA – nota cítrica utilizada como nota de saída nos

perfumes; óleo essencial indicado para combater depressão e ansiedade. Atua como energizante. Ideal para começar bem o dia.

Faz parte da composição de um dos perfumes importados mais queridos das brasileiras, o 212, de Carolina Herrera. Presente também em muitas colônias para uso no verão, como a famosa Acqua Fresca, de O Boticário, e Acqua Di Giò, de Giorgio Armani.

3. ROSA – usada como o corpo e a alma de um perfume. Uma das notas florais que mais agradam às mulheres tem o cheiro associado emocionalmente ao romantismo e ao amor materno. Traz sensação de aconchego e colo, utilizada na aromacologia como antisséptico e antidepressivo e, ainda, para tratar distúrbios do sistema reprodutor feminino.

4. SÂNDALO – nota amadeirada bastante densa usada como fundo nas composições. Por ter maior densidade, fica presente na pele por mais tempo elevando, também, o tempo de seus benefícios. Nota calmante utilizada para meditação e na prática de ioga. Indicada para combater a ansiedade.

Também presente no perfume 212, de Carolina Herrera, faz uma ótima composição com sua saída contendo bergamota, que é energizante e também combate a ansiedade, reforçando, em sua base, a calma e a serenidade.

5. PATCHULI – nota de fundo com cheiro terral. Uma nota amadeirada, um pouco balsâmica. Patchuli é uma planta asiática, e na Índia significa folha verde, segundo Sonia Corazza – no Brasil, chama-se oriza. É indicada para combater a fadiga – é um ótimo estimulante de longa duração na pele – e para tratar dor de cabeça.

Tanto o perfume Acqua Fresca, de O Boticário, quanto o Acqua Di Giò, de Giorgio Armani, têm patchuli nas notas de base que, com sua evaporação mais lenta, prolonga os benefícios de combate à fadiga, proporcionando mais energia e combatendo a ansiedade, por causa das notas de bergamota, de saída.

6. CARDAMOMO – nativo da Índia, é uma especiaria que figura entre os condimentos mais caros que existem. Um forte estimulante digestivo, antisséptico, indicado para perda de apetite e combate a cólicas, má digestão e fadiga.

Faz parte da formulação de perfumes masculinos, como o sofisticado Déclaration, de Cartier; Chic for Men, de Carolina Herrera; e Nike Fission Nike Masculino.

7. GERÂNIO – nativo da África do Sul, foi introduzido na Europa no início do século XVII e seu potencial para a perfumaria foi reconhecido na França, na metade do século XIX. Estimula o córtex adrenal, importante para a produção e controle hormonal. Possui propriedades antissépticas, antidepressivas e anti-inflamatórias. Utilizado para combater os efeitos da menopausa, TPM, dermatites e depressão.

Encontrado em muitos perfumes femininos e masculinos, como Lavanda Sensual, da Natura; Thaty, de O Boticário; Allure por Homme, de Chanel; DKNY Men Summer (2009), de Donna Karan; e no unissex The Visionary, da Gap.

8. JASMIM – flor nascida no Himalaia e cultivada na China, Índia, França e na região mediterrânea. Seu óleo é conhecido e utilizado desde a Antiguidade, considerado por alguns como o rei dos óleos. Excelente antidepressivo, afrodisíaco e indicado para combater a

ansiedade, exaustão, impotência e frigidez.

Seu uso é comum entre os perfumes masculinos e femininos com coração de flores brancas. Por seu preço elevado e intensa personalidade, é um óleo essencial utilizado em perfumes sofisticados e elegantes, como os femininos Jour d'Hermès, da Maison Hermès; Mon Jasmim Noir, da Bvlgari; Amor Amor de Cacharel, da L'Occitane; e os masculinos 212, de Carolina Herrera, Acqua di Gio Essenza, de Giorgio Armani; e Absolute, de Eudora.

9. VETIVER – óleo muito presente nos perfumes amadeirados, procedente de regiões tropicais, é considerado uma fina iguaria. Uma gramínea de ciclo perene e que atinge até 1,80 m de altura. Indicado para o tratamento de dores musculares, artrites e para combater a depressão, o estresse e a insônia. A fragrância amadeirada ajuda a relaxar e a se conectar com a força da natureza.

Um óleo essencial muito utilizado nos perfumes com fundo amadeirado, tanto femininos quanto masculinos. Entre os masculinos pode-se citar o Vetiver Santa Maria Novella, Eau de Vetyver, de Givenchy, e Vetiver Sport, de Guerlain; e, nos femininos, Woman, de Donna Karan, e, entre os unissex, o Velvet Vetiver, de Dolce & Gabbana, e o Eau de Cartier Vetiver Bleu, de Cartier.

10. LIMÃO – é originário da Ásia. O óleo essencial é obtido de sua casca. Nota leve, cítrica, em diversos tipos, como o siciliano e taiti. Ótimo estimulante, acrescenta vivacidade a uma fragrância, estimula o corpo e a mente e potencializa a vivacidade mental.

Muitos perfumes, dos encontrados nesta viagem, contêm limão em sua composição de saída, tanto nos masculinos quanto nos femininos, e especialmente nos unissex, como o 4711, a Acqua Colônia Lemon & Ginger Maurer & Wirtz, de 4711, e o CK One, de Kalvin Klein. Bons exemplos entre os masculinos são o DKNY Be Delicious Picnic in the Park for Men, de Donna Karan, e Allure Homme Edition Blanche, de Chanel. E, entre os femininos, Lemon Paradise, de Victoria's Secret, Aqua Allegoria Lemon Fresca, de Guerlain, Águas - Pomar de Cítricos, da Natura, e Acqua Fresca, de O Boticário.

SEJA BEM-VINDO AO SELETO GRUPO DOS PARFUM PROSUMERS

Após percorrer um longo caminho através dos principais temas do maravilhoso universo da perfumaria, cada viajante está pronto para começar um delicioso caminho de novos conhecimentos e atualização constante neste mundo que não para de evoluir. E, ainda, muito há que se praticar para a evolução pessoal de cada viajante como consumidor especialista em perfume, crescendo sempre como um verdadeiro *parfum prosumer*. Para quem ama perfumes, esse é um caminho que trará prazeres suaves, energizantes ou mesmo intensos a cada nova fragrância, a cada nova descoberta.

Criar novas memórias olfativas relacionadas a um perfume, em especial, pode se tornar um hábito delicioso, chegando à sofisticação da perfumação de momentos felizes como o batizado de um filho, casamento ou aniversário.

Conhecer o poder do olfato ajudará, especialmente, a potencializar a forma de comunicação de cada um através da poderosa e silenciosa percepção olfativa. Colocar em prática toda a bagagem de conhecimento recebida nesta viagem possibilita encontrar as notas olfativas de predileção, experimentar novas possibilidades. E, especialmente dentro do perfil e personalidade de cada um, encontrar opções adequadas às mais diversas ocasiões e eventos do dia a dia, compondo um conjunto de perfumes pessoais tão bem elaborado quanto um bom closet apropriado para marcar uma presença elegante, utilizando o perfume certo para cada ocasião.

Acima de tudo, que o prazer pela perfumaria possa tornar-se uma maneira de estimular a percepção pessoal do mundo através desse maravilhoso sentido, capaz de conectar cada ser humano ao seu eu mais básico. E estimular o autoconhecimento e a integração com a natureza através de seus milhares de cheiros, captados em óleos naturais ou reproduzidos pela capacidade e desenvolvimento do homem moderno.

Que novas e deliciosas fragrâncias acompanhem cada viajante nesta trajetória de muito prazer e sofisticação, com a transformação de simples apreciadores de perfumes em consumidores especialistas, em verdadeiros *parfum prosumers*.

E, nesta despedida, um delicioso poema de um dos maiores poetas do mundo:

Agora que Sinto Amor

Agora que sinto amor
Tenho interesse no que cheira.
Nunca antes me interessou que uma
flor tivesse cheiro.
Agora sinto o perfume das flores
como se visse uma coisa nova.
Sei bem que elas cheiravam, como sei
que existia.
São coisas que se sabem por fora.
Mas agora sei com a respiração da
parte de trás da cabeça.
Hoje as flores sabem-me bem num
paladar que se cheira.
Hoje às vezes acordo e cheiro antes
de ver.

Alberto Caeiro (Fernando Pessoa)

REFERÊNCIAS BIBLIOGRÁFICAS

A nova geração do luxo - São Paulo: HSM do Brasil, V.10, n. 56, maio/jun. 2006.

ANGIER, Natalie. *O olfato é o sentido mais ligado às emoções e à memória.* O Estado de S. Paulo (http://ciencia.estadao.com.br/noticias/geral,olfato-e-o-sentido--mais-ligado-as-emocoes-e-a-memoria,218772)

ANJOS, Vanessa. HISTÓRIA *CK One - A história de um clássico que mudou a perfumaria mundial* (www.sepha.com.br/blog/perfumes/ck-one)

ASHCAR, Renata. Guia de Perfumes 2016. Editora Segmento. São Paulo, 2016.
www.fragrantica.com.br
www.osmoz.com.br
www.1nariz.com.br
www. egoinvitro.com.br

BARROS, Daniel. Ego in vitro (https://egoinvitro.com.br/perfumistas/)

BARROS, Daniel. *202 perfumes para provar antes de morrer* - Edição masculina. Editora Scortecci. São Paulo, 2014.

BARROS, Daniel. *303 perfumes para provar antes de morrer* - Edição feminina. Editora Scortecci. São Paulo, 2015.

BARROS, Paulo M. Material de apoio - Aula de Intersecção dos Sentidos - Instituto do Perfume. São Paulo, 2015.

BORTOLOZI, Tatine. L´Oréal compra marca de perfumes Atelier Cologne. Valor Econômico (http://www.valor.com.br/empresas/4620353/l%3Foreal-compra-marca-de-perfumes-atelier-cologne)

BOTSARIS, Alexandros Spyros. Por que as fragrâncias trazem bem-estar? Vya Estelar (http://vyaestelar.uol.com.br/post/4286/por-que-as-fragrancias-trazem-bem-estar?/fragrancia.htm)

O Brasil tem o maior mercado de perfumes do mundo. Revista *Forbes* (http://www.forbes.com.br/negocios/2014/11/brasil-tem-o-maior-mercado-de-perfumes-do-mundo/)

BUFF, Sonia Rosalie - Saneamento básico, como tudo começou - Ebah (http://www.ebah.com.br/content/ABAAAfnx0AJ/saneamento-basico-etiologia-evolucao)

CAJANO, Pamela. Symrise se une à Natura em complexo industrial na Amazônia. Investimentos e Notícias (http://www.investimentosenoticias.com.br/noticias/negocios/symrise-se-une-a-natura-em-complexo-industrial-na-amazonia)

CARMEN, Michelyn. Interview with Romano Ricci, owner and perfumer for Juliette Has A Gun. Fragrantica (https://www.fragrantica.com/news/He-Can-Leave-His--Hat-On-Exclusive-Interview-with-Romano-Ricci-Owner-and-Perfumer-for-Juliette-Has-a-Gun-1154.html)

CASTRO, Mayra Corrêa. Sobre o âmbar gris (www.casamay.com.br/2014/08/05/sobre-o-ambar-gris)

CERIDONO, Vitória. Com perfumes e velas Jo Malone chega ao Brasil. Revista *Vogue* (http://vogue.globo.com/beleza/noticia/2016/03/com-perfumes-e-velas-jo--malone-chega-ao-brasil.html)

CORAZZA, Sonia. *Aromacologia - uma ciência de muitos cheiros*. Editora Senac. São Paulo, 2015. 4ª edição.

Cresce segmento de perfumes personalizados no mundo todo, atraindo empresas que desenvolvem fragrâncias sob medida. Portal Terra (https://www.terra.com.br/noticias/dino/cresce-segmento-de-perfumes-personalizados-no-mundo-todo-atraindo-empresas-que-desenvolvem-fragrancias-sob-medida,d727d765b2875a8d630edbae319494c9iajnaw9k.html)

CURY, Anay. Tributos fazem de importados populares artigos de luxo no Brasil. Portal G1 (http://g1.globo.com/economia-e-negocios/noticia/2010/10/tributos-fazem-de-importados-populares-artigos-de-luxo-no-brasil.html)

DIAS, Vanessa Vieira. Livro de História: Estée Lauder. Revista *Vogue* (Portugal) (http://www.vogue.pt/moda/detalhe/livro_de_historia_estee_lauder)

ELLENA, Jean-Claude. *Diário de um perfumista*. Editora Record. Rio de Janeiro, 2013.

Especial de cosméticos – Revista *H&C Household & Cosméticos*. Vol. XI (http://www.freedom.inf.br/revista/HC63/EspCosm.asp)

Estée Lauder rachète le parfumeur français Frédéric Malle. Agência Reuters (http://fr.reuters.com/article/frEuroRpt/idFRL6N0SX52620141107)

FERNANDES, Andressa. Quer trabalhar como perfumista? Conversamos com Veronica Kato, da Natura, para entender este mercado. Chic /UOL (http://chic.uol.com.br/beleza/noticia/quer-trabalhar-como-perfumista-conversamos-com-veronica-kato-da-natura-para-entender-este-mercado)

FERNANDES, Cláudio. História do Perfume. Brasil Escola (http://brasilescola.uol.com.br/historia/historia-do-perfume.html)

FREITAS, Jacira. Imaginação e loucura: os diálogos de Rousseau. Cadernos de Ética e Filosofia Política (FFLCH). *Revista da USP*. São Paulo, 2012.

FREUD, Sigmund. "Carta 55", 11 de janeiro de 1897.

FREUD, Sigmund. Publicações pré-psicanalíticas e esboços inéditos (1886-1899). Edição Standard Brasileiradas Obras psicológicas completas de Sigmund Freud - Vol. 1. Editora Imago. Rio de Janeiro, 1990.

GLOSSAIRE. Société Française des Parfumeurs. Tradução nossa. Disponível em http://www.parfumeurs-createurs.org/gene/main.php?base=409- ecsso em 17 de junho de 2017.

GUERLAIN - Mundo das marcas (http://mundodasmarcas.blogspot.com.br/2009/03/aviso_31.html)

Hermès lança simultaneamente duas colônias. Revista *Vogue* (http://vogue.globo.com/beleza/beleza-news/noticia/2016/06/hermes-lanca-simultaneamente-duas-colonias.html)

HERMÈS - Mundo das Marcas (http://mundodasmarcas.blogspot.com.br/2006/05/herms-o-luxo-na-cor-laranja.html)

KOTLER, Philip e KELLER, Kevin Lane. Administração de Marketing. 12ª edição. Editora Pearson. São Paulo, 2006.

Larousse del perfume y las esencias. Larousse Editorial S.A. Barcelona, 2000.

L' Oréal compra empresa do segmento de perfumaria de nicho. Cosmética news (http://www.cosmeticanews.com.br/leitura.php?n=l-oreal-compra-empresa-do-segmento-de-perfumaria-de-nicho&id=6629)

Manifesto - Le labo fragrances (https://www.lelabofragrances.com/about-us.html)

MARCHESI, Vitoria. Perfumista francesa dá dicas para acertar na escolha e uso da fragrância. Revista *Vogue* (http://vogue.globo.com/beleza/necessaire/noticia/2016/10/perfumista-francesa-da-dicas-para-acertar-na-escolha-e-uso-da-fragrancia.html)

MARSH, Lisa. The House of Klein: fashion, controversy and business obsession. Wiley & Sons, Inc. Hoboken. New Jersey, 2003.

MAZZEO, Tilar J. O *segredo do Chanel nº 5: a história íntima do perfume mais famoso do mundo*. Editora Rocco. Rio de Janeiro, 2011.

MENDONÇA, Estela. O luxo pop da beleza. Revista *H&C - Household & Cosméticos*. Vol. XIV - nº 78 (http://www.freedom.inf.br/revista/HC78/cosmeticos_78.asp)

Mercado brasileiro de perfumes movimentou 5,7 bilhões de dólares em 2016. *O Estado de S. Paulo* (http://economia.estadao.com.br/noticias/releases-ae,mercado-brasileiro-de-perfumes-movimentou-5-7-bilhoes-de-dolares-em-2016,70001656687)

MONTEIRO, Alfredo. Material didático do perfumista (www.vollmensfragrances.com.br)

MORAES, Rosana de. Luxo genuíno: a história dos verdadeiros ovos Fabergé (http://www.administradores.com.br/artigos/marketing/luxo-genuino-a-historia-dos-verdadeiros-ovos-faberge/85151/)

Most expensive perfume: Clive Christian breaks Guinness World Records' record (http://www.worldrecordacademy.com/business/most_expensive_perfume_Clive_Christian_breaks_Guinness_World_Records_record_214102.html)

Os diálogos de Rousseau. Unifesp (www.revistas.usp.br/cefp/article/download/56561/59617)

PAGANI, Dênis. Falando perfumês (http://1nariz.com.br/2013/falando-perfumes/materiais-animais-em-perfumaria-ambergris-castoreum-civet-musk)

PARKER, Steve. *O Tato, o Olfato e o Paladar*. Editora Scipione. São Paulo, 1992.

PEREIRA, Márcia. Perfumes únicos. *Revista IstoÉ Dinheiro* (http://www.istoedinheiro.com.br/noticias/estilo/20110902/perfumes-unicos/2759.shtml)

Perfume de homem ajuda a arranjar emprego. Scientific American – Mente e Cérebro (http://www2.uol.com.br/vivermente/noticias/perfume_de_homem_ajuda_a_arranjar_emprego.html)

PUIG ADQUIRES PENHLIGONS TO FURTHER PRESTIGE FRAGRANCE POSITIONING – Luxury Daily (www.luxurydaily.com/puig-acquires-penhaligons-to-further-prestige-fragrance-positioning/)

RODRIGUES, Carol. Perfumaria de nicho, o potencial da exclusividade. Cosmética News (http://www.cusmaneditora.com.br/leitura.php?n=perfumaria-de-nicho-o-potencial-da-exclusividade&id=6955)

ROSA, Ana Cristina. Essências são eternas. Revista *Época* (http://revistaepoca.globo.com/Revista/Epoca/0,,EMI141865-15228,00-ESSENCIAS+SAO+ETERNAS.html)

ROUSSEAU, J-J. Émile.

SANDRINI, João. As marcas de luxo mais desejadas ao redor do mundo. Revista *Exame* (http://exame.abril.com.br/seu-dinheiro/as-marcas-de-luxo-mais-desejadas-ao-redor-do-mundo/)

SHITRIT, Simone. Material de apoio - aulas de perfumaria de nicho, curso O Perfume – Instituto do Perfume, 2015.

Simões, C. M. O.; Schenkel, E. P.; Gosmann, G.; Mello, J. C. P.; Mentz, L. A.; Petrovick, P. R. Farmacognosia: da planta ao medicamento. 5ª edição. Ed. da UFRGS. Porto Alegre, 2004.

SILVA, Luiz Alberto Melchert de C. – Material de Apoio com exemplificação - aula: O conceito do luxo – Instituto do Perfume. São Paulo, 2015.

STREHLAU, Suzane. Tendência é luxo ser menos ostentação e mais sensação. *Folha de S. Paulo* (http://www1.folha.uol.com.br/mercado/2017/03/1867456-tendencia-e-luxo-ser-menos-ostentacao-e-mais-sensacao.shtml)

SÜSKIND, Patrick. *O Perfume – A história de um assassino*. Editora Record. Rio de Janeiro, 1985.

The Estée Lauder Companies Inc. adquire By Kilian. Revista *Exame* (http://exame.abril.com.br/negocios/dino/the-estee-lauder-companies-inc-adquire-by-kilian-dino89090287131/)

The Estée Lauder Companies Inc. to Acquire Le Labo, business wire. (http://www.businesswire.com/news/home/20141015005244/en/Est%C3%A9e-Lauder-Companies-Acquire-Le-Labo)

Top 20 óleos essenciais mais caros do mundo (http://comapp.xyz/sade/ervas-e-leos-essenciais/6493-top-20-leos-essenciais-mais-caros-do-mundo-2.html).

VIEIRA, Domingos. *Thesouro da língua portugueza*. Editores E Chardron e Bartholomeu H. de Moraes. Vol. 5 Porto, 1875.

Fontes de pesquisa para Classificação Olfativa e descrição de pirâmide olfativa dos perfumes citados neste trabalho e recomendados como fonte pessoal de pesquisa.

MATRIX